SOUVENIRS

DU

FAR-WEST

PAR

LE BARON ARNOLD DE WOELMONT

E pluribus unum.

PARIS

E. PLON ET Cie, IMPRIMEURS-ÉDITEURS
RUE GARANCIÈRE, 10

1883

SOUVENIRS

DU

FAR-WEST

DU MÊME AUTEUR

Ma vie nomade aux Montagnes Rocheuses. Un volume in-18 jésus. Paris, Firmin Didot, 1878. — Prix : 3 fr.

(ROLAND DE TOMENLOW.)

Chasses fantaisistes au pays wallon. Un vol. in-12. Bruxelles, librairie Muquardt, 1879. — Prix : 2 fr. 50.

Chasseurs et braconniers devant la loi de 1882. Brochure in-8°. Bruxelles, librairie Muquardt, 1882. — Prix : 1 fr. 50.

En préparation :

Le Trèfle à quatre feuilles, mœurs américaines.
Les Nids, sonnets.

PARIS. TYPOGRAPHIE DE E. PLON ET Cie, 8, RUE GARANCIÈRE.

SOUVENIRS

DU

FAR-WEST

PAR

LE BARON ARNOLD DE WOELMONT

E pluribus unum.

PARIS

E. PLON ET Cie, IMPRIMEURS-ÉDITEURS

RUE GARANCIÈRE, 10

—

1883

Tous droits réservés

AVANT-PROPOS

E pluribus unum.

Sans chercher l'accord parfait et l'harmonie des couleurs, qu'il me soit permis de m'autoriser de la belle devise des États-Unis pour grouper dans ces pages quelques souvenirs rapportés du Far-West. Ce seront ceux de mes plus agréables promenades.

Puissent ces souvenirs personnels inspirer à d'autres le désir de voir ce coin du nouveau monde, trop peu connu et apprécié de l'ancien !

Soiron, juillet 1882.

SOUVENIRS DU FAR-WEST

I

UNE SEMAINE EN WAGON

Le train-éclair. — Pulmann cars et leurs aménagements. — Le dortoir. — Les services du nègre. — Le marchand ambulant. — La plate-forme. — On fait connaissance. — Petits talents de société. — Distractions. — L'Américaine en voyage. — Rencontre de sauvages. — Incendies. — Coups de fusil. — Une élection présidentielle à toute vapeur. — Bagage des Américains. — Provisions et repas. — Les Fils du Ciel. — Les Indiens mendiants. — Tout le monde à bord !

Qui donc en Europe penserait à passer sept jours et sept nuits de suite en wagon ? Quel est le « courrier » qui consentirait à rouler ainsi, emprisonné comme un colis ?

1

Aux États-Unis, où les oisifs sont rares, et les points cardinaux fort éloignés l'un de l'autre, nombre de gens se décident du jour au lendemain à courir directement de l'Atlantique au Pacifique. Leurs affaires terminées, ces mêmes personnes, qui ne se piquent d'aucune originalité cependant, reviennent sur leurs pas : c'est quelquefois une vacance pour elles, un repos pour l'esprit surexcité; et je ne serais pas surpris de voir les médecins, les « physiciens » de là-bas, — dont beaucoup sont homœopathes, — recommander à leurs clients une semaine en wagon aux lieu et place d'une saison de bains, cherchant à guérir ainsi la fatigue par la fatigue.

Le chemin de fer du Pacifique a deux trains par jour : l'express et le train d'émigrants. Un jour, — c'était le 4 juillet 1876, le « great holy day », le centième anniversaire de l'Indépendance, — il y eut un train supplémentaire, un train-éclair direct, de New-York à

San-Francisco. Quelques reporters intrépides avaient obtenu la faveur d'y monter. Le voyage ne devait être que de trois jours. C'était une gageure que beaucoup traitaient de téméraire. L'excitation était grande dans toute l'Amérique du Nord. Toutes les pages des journaux étaient émaillées de télégrammes annonçant le passage de l'*Éclair*. Mais le chauvinisme, plus fort là-bas que partout ailleurs, se montra fier et pleinement satisfait d'apprendre que les Compagnies avaient gagné leur pari.

Depuis, je ne crois pas qu'on ait recommencé une expérience aussi ruineuse pour le matériel, et l'on est toujours forcé de s'en tenir au *Pacific mail*.

C'est un étrange voyage, que celui que l'on accomplit ainsi en ligne droite, *à bord* du « transcontinental ».

Moi-même, un lundi d'octobre 1876, j'ai quitté de la sorte les bords du Pacifique par une température tropicale, et le lundi suivant je sortais du train, grelottant de froid sous la bise glacée de New-York.

Il ne sera pas sans intérêt, je pense, de raconter comment le temps se passe dans cette traversée, si semblable à celle d'une mer calme. Les plus petits événements y prennent des proportions inattendues, et tout se modifie, les goûts et les habitudes, pour se plier au milieu temporaire, au moule uniforme qui s'impose aux plus récalcitrants.

Et d'abord, — le croirait-on? — malgré la monotonie du désert dans lequel on passe trois jours au moins sur les sept, l'ennui et la lassitude se font peu sentir. C'est qu'ils sont si confortablement aménagés, ces *Pulmann cars* où vous n'avez rien à désirer! Tout le monde a pu voir, aux expositions universelles, quelqu'une de ces voitures, et il ne faut pas avoir fait de grands déplacements pour apprécier combien elles sont complètes : nulle part un coin perdu; tout est prévu, tout est utilisé.

Chaque voyageur a droit à sa demi-section. Si l'on est deux, et si l'on a eu soin de télégraphier pour retenir ses places, on obtient une section entière, c'est-à-dire, le jour, deux canapés se faisant vis-à-vis, et, la nuit, deux lits superposés comme dans un navire, quoique deux fois plus larges et mieux aérés. Naturellement, dans ces longues voitures, c'est au centre que sont les places de choix : la trépidation y est infiniment moindre qu'aux extrémités.

Mais, direz-vous, tout cabanon, si doré soit-il, finit par peser à son hôte. Oubliez-vous que nous sommes au pays qui se targue le plus d'indépendance?

Attendez, je vous prie, le chapitre des distractions. Songez aussi que l'installation n'est pas définitive du départ à l'arrivée; le séjour est loin d'être forcé pour tout le parcours. On change de voiture à Chicago, à Omaha et à Odgen, et c'est déjà comme un changement d'air.

Moyennant une légère augmentation de prix, vous pouvez même voyager comme des souverains en prenant, si vous êtes quatre ou si vous tenez à l'isolement, ce que l'on appelle une *state-room*, salon fermé qui se trouve dans presque tous les *sleeping-cars*, dans lequel vous êtes absolument comme chez vous. Les familles affligées de babies en bas âge prennent d'ordinaire ces compartiments réservés, fort heureusement pour le célibataire morose qu'agacent les vagissements des nouveau-nés et les colères des enfants plus grands. Je croirais cependant manquer à ma conscience si je ne m'empressais d'ajouter que les babies américains sont bien moins pleurnicheurs que les petits Européens; à quatre ans, ce sont déjà de petits hommes et de petites femmes qui jouent au citoyen libre et à la respectable *young lady*.

La première fois qu'on entre dans un de ces caravansérails roulants, on reste un moment stupéfait devant l'élégance recherchée du mobilier. C'est aux machines-outils qu'est due toute l'ébénisterie intérieure, et le seul reproche que l'on pourrait faire à ces aménagements luxueux serait de l'être trop. Mais le goût du pays le veut ainsi : joindre l'agréable à l'utile, faire mieux qu'ailleurs, sont d'assez honorables prétentions; on ne peut dès lors que les approuver. Aussi, depuis les appartements des grands hôtels et les salons des bateaux à vapeur jusqu'aux pompes à incendie et aux moissonneuses mécaniques, tout reluit, flamboie et miroite comme une corbeille de mariage. On dirait que la clientèle se compose de princes. Et les fabricants n'ont pas tort, puisqu'ils s'adressent au « peuple souverain ». En saine économie politique, toutes choses étant égales d'ailleurs, — devant le dieu Dollar, — l'offre ne peut que répondre à la demande.

. Aucun pays ne peut rivaliser avec l'Amérique pour la variété des bois et leur bon marché ; et de ces matériaux sont seuls employés les plus beaux et les plus solides. Ici, tous ces bois, où l'érable domine, sont ajustés avec art ; et c'est merveille de voir, comme dans une féerie, ce salon se transformer la nuit en dortoir. Le dossier du canapé glisse, et, repoussant le siége, va au-devant de son vis-à-vis, qui le rejoint au milieu de la section : voilà un lit tout prêt. Le lambris tombe à son tour sous la pression d'un bouton, et, retenu par des chaînes, vient s'aligner au-dessus du premier lit. Des volets s'ancrent dans la paroi et vous séparent des sections voisines. Du côté du couloir, des rideaux mobiles vous permettent de vous isoler complétement. Chapeaux et habits s'accrochent aux patères des parois ; et l'on dort là, sur un matelas, dans des draps généralement blancs, mieux que dans la cabine d'un transatlantique. Le couloir central reste inoccupé et éclairé toute la nuit. Les serre-freins que leur service oblige à traverser les voitures, étouffent le bruit de leurs pas, et le conducteur ne fait point le contrôle des billets pendant les heures de sommeil.

Enfin, chaque voiture a son nègre, le *porter*, qui est jour et nuit aux ordres des voyageurs. C'est lui qui prend vos bottes chaque matin sous le lit inférieur, et les recouvre d'une nouvelle couche de cirage, d'un brillant, d'un glacé, d'un velouté à satisfaire l'homme le plus pointilleux sur ce chapitre premier de l'élégance masculine en Amérique. C'est à lui aussi que vous devrez la faveur d'une serviette particulière pour vos ablutions du matin, si vous répugnez à vous servir de l'essuie-main sans fin qui tourne sur un rouleau au-dessus du lavabo.

Que de choses dans ce petit espace où votre existence est maintenant confinée pour cent soixante-huit heures! Et que de compartiments sont doublés, celui des hommes et celui des dames!

Avez-vous soif? Voici la fontaine d'eau glacée avec la timbale démocratique — et enchaînée — à laquelle chacun trempe ses lèvres. Avez-vous faim et ne pouvez-vous attendre l'heure du repas? Voilà le marchand de gâteaux, de fruits, de chocolat, qui vient vous offrir sa marchandise appétissante. Cet industriel reviendra tout à l'heure placer auprès de vous la nourriture qu'il croit convenir à votre esprit : aux politiciens, des journaux et des revues; aux dames, des éventails et des romans pleins de sentiment; aux enfants, des jeux de patience; à tous, des guides du voyage. Quand vous aurez eu le temps d'y jeter un regard, il repassera pour voir si vous en avez gardé quelque chose. C'est l'homme le plus occupé du train. Sans cesse on le voit apparaître, et toujours avec quelque nouveauté. Suivant les heures du jour, le temps qu'il fait, l'aspect du paysage, il vous offrira l'actualité : aux beaux endroits, des jumelles de campagne; dans le désert, les fruits les plus savoureux; dans les prairies monotones, les journaux illustrés et les brochures humoristiques. Il n'est pas jusqu'à la plate-forme extérieure où il ne trouve des pratiques, en présentant aux amateurs du tabac à fumer, à priser, à... mâcher : ce dernier article est même celui qui se vend le mieux. Le marchand ambulant, ce porteballe modernisé, se trouve d'ailleurs sur toutes les voies ferrées, sur les plus petits parcours comme sur les plus longs; il exerce un monopole dont les voyageurs payent la prime.

Mais je viens de parler de la plate-forme. C'est la place favorite de tous ceux qui haïssent le renfermé, de tout ce qui est jeune, de tout ce qui n'est pas blasé. Protégé tant bien que mal par un garde-fou, assis sur un frein de la voiture ou sur les marches de l'escalier, suspendu des deux mains au-dessus du vide, vous pouvez y laisser fuir les heures, dans la volupté d'un bain d'air... et de poussière. Le fumeur, à défaut de tabagie, y cherche un refuge pour savourer paisiblement le cigare de Cuba ou de Californie qu'il vient de payer un prix insensé; l'ami de la nature, le géologue, le botaniste s'y retrouvent et échangent leurs remarques et leurs idées.

Quoi qu'on en ait pu penser, l'Amérique ne manque pas d'artistes; il n'est même personne qui ne se pique de l'être un peu quand il s'agit de faire admirer à l'Européen les beautés sans rivales de ce pays fortuné. A l'exemple du propriétaire de Gresset,

> On ne vous fera pas grâce d'une laitue.

Je ne déteste pas cet amour-propre un peu

exalté des Yankees, qui croient leur patrie la plus belle et la meilleure, et le proclament hautement à la face des nations. Illusions généreuses autant que naïves ! A d'autres le cruel plaisir de désabuser ces braves cœurs ! Pour moi, je respecte cet enthousiasme, je le trouve naturel ; et, serait-ce même *un genre* que les Américains voudraient se donner, il me semble qu'ils n'auraient pas tort.

Quoi qu'il en soit, chaque fois que le train s'arrête dans les prairies, il faut voir comme tous les crayons s'abattent sur les carnets. C'est à qui croquera le mieux la bizarre silhouette du moulin à vent, avec sa roue dentelée penchée sur l'oreille comme la fleur du tournesol sur sa tige.

En même temps, une légion de collectionneurs des deux sexes se précipite hors du train. Les femmes cueillent les graminées du désert, quelques brins de sauge ou d'herbe à·buffalos, ou bien encore la fleur

jaune du cactus nain. Les hommes glanent
la poussière d'alcali ou de soude, détachent
des cailloux roulés, des échantillons de minéraux curieux. Et le train se remet déjà en
marche, que tous ces fourrageurs se décident
avec peine à quitter l'herborisation ou la
géologie pour courir après lui et remonter
comme ils peuvent. Vingt fois j'ai vu ces
grands enfants, les pieds sur la dernière
marche de l'escalier, accrochés par des pro-
diges d'équilibre, rivaliser de crânerie pour
saisir au passage une touffe d'herbe ou une
feuille d'arbre-coton.

Il faut que l'imprudence des voyageurs
aille bien loin pour que les employés du
train leur en fassent l'observation. Une
plaque indique bien qu'il n'est pas permis
de se tenir sur la plate-forme, mais c'est
simplement pour dégager la responsabilité
de la compagnie. Si quelque accident arrive,
on était averti. Partant de ce principe que

chacun est intéressé à sa propre conservation, on laisse à l'individu toute liberté d'agir à sa guise, tant qu'il n'entrave pas le service et ne dérange pas la majorité des voyageurs.

Si, d'une part, un fumeur est mal venu à rouler une cigarette en présence d'une dame, même sur la plate-forme, par contre, il lui est permis de mâcher du tabac. Je me rappelle encore l'effroi d'un de mes compatriotes à l'aspect des « *spitoons* » symétriquement placés à portée de chacun : « On craint donc que nous ayons le mal de mer! » me disait-il naïvement. Et le fait est que pour les gens non acclimatés, aux cœurs sensibles encore, il est plus sage de se détourner de ces voisins sans façon.

Dans les défilés des montagnes, le mouvement d'escarpolette est assez accentué, les trucs de ces longues voitures leur permettant de suivre les courbes les plus violentes; et l'on éprouve le ballottement inégal d'un

navire soulevé par la houle. Mais aussi n'est-
ce pas un voyage à long cours que nous.
avons entrepris? Tout ne rappelle-t-il pas la
navigation? La longueur du trajet sans toucher le « plancher des vaches », l'espace
restreint dans lequel on se retourne, les
cadres où l'on dort, la passerelle où l'on
fume, le roulis et les malades, les jeux et
les causeries entre gens qui ne se connais-
saient pas la veille et ne se connaîtront plus
le lendemain?...

L'homme est fait pour la société, n'est-ce
pas? *Væ soli!*... Dans une réunion de hasard,
on s'observe le premier jour; puis les sympa-
thies et les antipathies se déclarent, et l'on
en vient bientôt à un échange de cartes qui
remplacent l' « introduction » obligée.

« Quelle est votre spécialité? De quelles
affaires vous occupez-vous? » Telle est invariablement l'entrée en matière d'un voisin
sociable, et le plus souvent entre deux airs,

sifflés fort impertinemment. — 2° « Que pensez-vous de l'Amérique? » Malheur à vous, si vous n'en dites pas un bien excessif. Vous vous prépareriez de tristes journées : à toute heure, l'interlocuteur viendrait vous relancer pour essayer de vous convertir à d'autres idées et vous prouver que vous ne savez pas vivre.

Il est rare que l'on n'ait pas l'occasion de se rendre de légers services; et, lorsqu'est arrivé ce moment psychologique où l'on décompte les jours, où le paysage fatigue et la lecture aussi, rien ne délasse comme de pouvoir échanger quelques impressions, de pénétrer un peu dans l'existence de ses compagnons et de les laisser lire dans la sienne. Il y a toujours quelque chose à apprendre d'un homme dont on a découvert les goûts, la tournure d'esprit, la spécialité. Et si la chance vous a favorisé du voisinage de quelque Américaine jeune, jolie, spirituelle, comme il y en a tant, dans les causeries où l'esprit entre seul d'abord, le cœur finit par avoir quelquefois sa part.

Que de romans ont commencé ainsi, au beau milieu de la Prairie, cette terre à l'aspect désolé, ce désert dont on ne voit pas la fin! Et chaque jour apporte un nouveau feuilleton dont la suite est remise au lendemain. Pour l'observateur lui-même qui, de son coin tranquille, suit les péripéties de l'action engagée sous ses yeux, l'intérêt ne languit pas, car les scènes sont changeantes, et le dénoûment pourrait bien être celui de tout bon roman : un mariage.

Je ne sais si les agences matrimoniales ont jamais songé au parti à tirer des rencontres fortuites sur le chemin de fer du Pacifique; mais je suis persuadé qu'il y a là une « idée » dont plus d'un père américain a saisi les développements avantageux.

Cette miss nonchalante, qui fait semblant de dormir là-bas, dresse déjà ses plans de campagne. D'un regard elle a parcouru le camp des adversaires, le côté des hommes; son siége sera bientôt fait, et les diplomates trouveront à qui parler.

Ce que femme veut, elle le veut bien; mais ce que l'Américaine veut, arrivera, — n'en doutez point, — fatalement. Avec ses manières émancipées, ses goûts de toilette, ses instincts de luxe et de bien-être, la *young lady* sait commander à son cœur; elle jette promptement, non pas légèrement, son dé-volu. Les parents laissent faire : le *self-help* est la doctrine de la nation. A elle de se trouver le mari de son choix; aux parents la sanction, le veto suspensif ou absolu. Sans prendre aucune part aux escarmouches d'avant-postes, le père ou le frère se réser-vent pour forcer la main qui ne voudrait pas se donner.

Méfiez-vous de la sirène! Voyez : l'attaque est commencée; elle flirte... (*Flirt :* le joli mot! Devenu français faute d'analogue, il n'exprime rien de français. Méfiez-vous des entraînements du *flirt*. On se pique à ce jeu-là, quand on ne le connaît point.)

Oh! l'adorable petite fée, avec quelle animation elle débite mille riens charmants dans cette langue anglaise si nuancée! Quelle vivacité dans ses répliques! Quel feu! Quel entrain! Et, avec cela, quelle nonchalance gracieuse dans ses poses! quelle ingénuité dans ses regards! Quelle énergie sous des apparences frivoles!

Faite de contrastes, elle plaît à tous. Elle a le sourire le plus doux qui se puisse imaginer; elle rougit pour un rien; elle n'aime que les fleurs, la peinture, la musique; elle est poëte à ses heures; elle est angélique, elle a des sentiments nobles et fiers. Eh! la ravissante petite personne!

J'entends d'ici des voix railleuses qui me disent : Ce n'est qu'une sirène, avant tout préoccupée de plaire... Elle ne saurait être ni mère, ni femme de ménage... Elle est faite à ravir parce qu'on lui donne tout ce qu'elle veut pour s'habiller; mais est-elle vraiment belle?... Oui, de cette beauté du diable, de cette fraîcheur de jeunesse qui passe si vite; pas de lignes, pas de galbe!...

— Il y a là toutes les coquetteries, toutes les séductions, soit; mais absence de sens moral... La religion : une affaire d'habitude et de décorum... — C'est une poupée.

— Mon Dieu! que vous êtes difficiles! Moi, je ne sais pas tout cela. Votre poupée, je ne la vois ici qu'en chemin de fer. J'admire, je n'apprécie point. Tout ce que je sais, c'est qu'elle est brave, cette petite femme. Vienne une contrariété, un retard, un accident, et vous retrouverez en elle le calme stoïque de l'Anglo-Saxon. Patiente ou décidée, elle vous étonnera par son courage.

Mais ce ne sont pas seulement des jeunes

filles plus ou moins « *fast* », des inventeurs plus ou moins ingénieux, des hommes d'affaires plus ou moins véreux que vous rencontrez ainsi dans ces trajets étranges ; il y a encore les nomades habitants de ces plaines qui parfois font irruption dans les wagons comme des moineaux francs dans un pigeonnier.

Un jour, j'ai vu monter dans le train où je me trouvais une bande entière d'Indiens. Sales et misérables, drapés de couvertures voyantes, chaussés de leurs mocassins de peau de daim, ils étaient bien une vingtaine. Ils n'avaient pas de billets. On les laissa faire. N'étaient-ils pas chez eux, et ne leur devait-on pas au moins le transport gratuit à travers quelques parcelles de leur antique territoire ?

On les regardait beaucoup, on prétendait qu'ils posaient pour la galerie. Eux se mettaient au-dessus de ces mesquines considérations, et, sans échanger une parole, un geste, un clin d'œil, demeuraient graves, pensifs et comme abîmés dans leurs réflexions mélancoliques. Pauvres gens, jadis les rois de ces solitudes !

Quelques heures après, ils s'en allaient comme ils étaient venus, sans jeter un regard derrière eux. Et longtemps après nous les voyions encore assis au bord d'un ruisseau, tenant peut-être conseil pour savoir comment ils prolongeraient leur terrible lutte pour l'existence.

Le même soir, j'étais à mon poste d'observation sur le marchepied de ma voiture. Un ciel menaçant me promettait un spectacle souvent admiré dans les Montagnes Rocheuses. Je regardais les nuages noirs accourant à l'envi au rendez-vous de leur grande fête aérienne. La Prairie, toute brunie par l'ombre croissante, s'illuminait parfois des étincelles de notre locomotive, et le long de la voie, les herbes folles s'entr'ouvraient, touchées

par elles, pour se chiner de longues traî-
nées de feu qui les faisait se tordre et cré-
piter.

Tout à coup, je vis le ciel aussi s'éclairer
de fusées lumineuses. Était-ce déjà l'orage ?
Un voisin me détrompa : c'étaient des coups
de fusil devant nous. Aussitôt les employés se
précipitèrent sur les freins, et le train stoppa
précisément devant le feu d'artifice. Quelques
capitalistes de New-York, serrant le revolver
dans la poche, se demandaient si le chef-
train, de connivence avec des brigands,
obéissait à leurs sommations, lorsqu'à leur
grande surprise quatre trappeurs, dans leur
costume bien connu, entrèrent comme étaient
entrés les Indiens et s'assirent de même,
leurs armes entre leurs genoux, et fort paisibles d'ailleurs.

Le chemin de fer passait devant l'établissement de ces colons, et personne ne se
plaignit qu'ils eussent arrêté le train plutôt

que d'aller l'attendre à la prochaine station, distante de cinq ou six lieues.

Dans ce bienheureux pays où l'esprit d'initiative est tout, il faut plus qu'ailleurs une forte dose d'originalité pour se faire remarquer. Un quart d'heure après, l'incident était oublié de tous, tant il avait fait peu de bruit.

Disons aussi en passant que le suprême bon ton, pour l'Américain, paraît être de converser tout bas, surtout en présence des femmes, qu'il respecte beaucoup. Si quelqu'un bavarde ou rit en public, tenez pour certain qu'il est étranger.

Mais voici un nouveau visiteur qui se penche à l'oreille des hommes comme pour les confesser. Qu'est-ce que ce monsieur? Si c'était le conducteur, on le verrait, sans avertissement, se saisir des chapeaux des voyageurs pour y prendre les coupons qu'il serait sûr d'y trouver... Si c'était un policier, il ne serait pas accueilli avec tant de sourires et même parfois d'enthousiasme... Et que voulez-vous que ce soit, sinon un politicien? non pas certainement un de ces *carpet-baggers* qui briguent des suffrages pour leurs patrons, mais un modeste amateur, qui s'amuse à tâter l'opinion sur la prochaine élection présidentielle. Une fantaisie d'artiste ! De wagon en wagon, il va recueillir les votes pour Hayes ou Tilden. Pas d'abstentions, implore-t-il.

Pour ma part, j'ai beau arguer de mon incapacité électorale, n'ayant pas l'honneur d'être citoyen des États-Unis : « *Never mind!* Peu importe ! nous ne sommes pas exclusifs ici, me dit-il en souriant. Que prenez-vous, le *ticket* républicain ou le démocratique ? Choisissez. »

Le scrutin dépouillé, cet amusant personnage revient, dans chaque voiture, en proclamer le résultat. Il se trouve qu'aucun des

candidats n'a la majorité; un ballottage est
nécessaire. Grâce enfin au mécanicien, oublié
la première fois sur sa locomotive, les répu-
blicains l'emportent d'une voix.

— *Accipio omen,* s'écrie tout haut un lé-
giste (*attorney at law*), qui venait justement
de me vanter les bienfaits du système pro-
tecteur et de la centralisation à Washington.
Oui, messieurs, j'en accepte l'augure. La plate-
forme démocratique de Saint-Louis est vengée
par la plate-forme de notre locomotive...

Sur ce mot bien américain, explosion d'hi-
larité. Les démocrates rient tous les premiers:
c'est un désarmement. L'homme de loi se
lève, salue à la ronde et va boire un verre
d'eau glacée à la fontaine. Supposez qu'il se
fût régalé d'un *drink* au *whisky,* et nous en
avions pour une heure à entendre quelque
speech éloquent ou grotesque. Le simple
verre d'eau ne suffit pas toujours aux impro-
visateurs.

C'est une justice à rendre à ce plaisant pays, il a beau se servir du suffrage chaque jour, et à différents degrés, il ne connaît pas la satiété. C'est un corps saturé d'alcool : il ne peut plus se passer du poison qui l'alimente.

L'avouerai-je cependant? L'industrie des *carpet-baggers*, dans l'Ouest tout au moins, m'a paru bien moins florissante que ne veulent le croire ces voyageurs en chambre, auxquels nous devons tant de livres sur l'Amérique. L'air sec et pur des Prairies ne convient pas à leur tempérament.

A première vue, il est vrai, nos compagnons de voyage répondent, pour la plupart, au signalement bien connu des *carpet-baggers*. Ils en ont le bagage sommaire : un petit sac renfermant quelques faux-cols en papier et une brosse à dents. Avec cela un Américain irait au bout du monde.

Quelques-uns se sont bien donné le luxe

d'un panier à provisions, mais ceux-là voyagent en famille. Ce sont les arrivés de la veille, les repus du jour, les accapareurs du lendemain. Ils ont l'insolence des parvenus. Voyez comme ils commandent au *porter*, cet « homme noir » préposé au service de chaque voiture ! Le *porter* fixe une planche dans la section, et voilà la table mise. Avec les gâteaux et les fruits qui se vendent dans le train, les dindes froides, les pâtés, les boîtes de conserves qu'on retire du panier, le repas se complète et satisferait les plus exigeants. De plus raffinés encore font leur café sur un réchaud.

Mais pour le commun des mortels, il faut s'en tenir aux repas que la Compagnie du chemin de fer leur dispense à ses heures, comme un dompteur de foire à sa ménagerie ambulante.

Je ne veux pas l'oublier, sur une partie de la ligne, de Chicago à New-York, fonctionne un restaurant roulant, où l'on peut se faire servir, à la carte, des plats chauds, aussi variés qu'on le désire, où l'on boit, à la glace, des vins de France et de Hongrie; mais là il s'agit de ne pas perdre de temps : trois lignes sont concurrentes! Dans les montagnes de l'Ouest, dans les marais de Californie, la voie est mauvaise ou dangereuse, et l'on se hâte plus lentement. Là, plus rien n'est donné à la fantaisie. Trois fois par jour, quand la machine s'arrête pour s'abreuver, il vous est permis d'en faire autant.

Vous êtes assuré d'un arrêt de vingt-cinq minutes; seulement, les étapes sont irrégulières, approximatives. Tant pis pour les estomacs! Tantôt le premier déjeuner est à six heures du matin et le dîner à une heure, tantôt on ne déjeune qu'à dix heures pour dîner déjà à midi et ensuite attendre le souper jusqu'à huit heures du soir. Il est juste de dire que le pays n'est point habité.

Il faut bien qu'il y ait des stations pour permettre aux machines de se bourrer de combustible et d'eau; mais il y en a le moins possible, et l'on aurait pu, — tout aussi bien que
de leur chercher des noms, — les numéro-
ter comme les bornes d'une grand'route.

— Vingt-cinq minutes d'arrêt!

Une musique infernale frappe vos oreilles :
c'est le gong chinois. Dans cette cabane de
pionniers, le festin vous attend.

Aimez-vous *l'antilope?* On en a mis partout.

Rôtie, bouillie, la chair qu'on vous offrira
pendant plusieurs jours sera exclusivement
de l'antilope. Avec cela du riz et des patates
douces, du pain de maïs, du lait condensé
en boîtes ou du thé glacé, et quelquefois
pour le dessert un peu de fruits sauvages
(la manne du désert!), des fraises, des fram-
boises ou des mûres.

Du reste, pour qui a le bras long et n'attend pas d'être servi, pour qui mange à l'américaine, c'est-à-dire lestement et sans changer d'assiette, il y a très-bien moyen de manger à sa faim.

Quant aux infortunés qui attendent leur tour, se croyant assis à une table d'hôte, ne leur reste-t-il pas le régal des yeux, et l'intime satisfaction de savoir le repas apprêté par des *Fils du Ciel?* Car, au delà des Montagnes Rocheuses, la population ne paraît se composer que de Chinois. Très-pimpants, du reste, sous leurs blancs atours, ces serveurs à longue natte et à la face glabre! Très-étonnante aussi leur obséquiosité dans un milieu si nivelé!

Dans des centres plus populeux, où il y a jusqu'à trois habitations, l'inévitable concurrence surgit et s'annonce par une sonnette.

— N'écoutez pas le gong, me disait un Français que je rencontrai dans ces parages; faites comme moi. Je l'ai délaissé pour la sonnette de la concurrence. La nourriture est la même; seulement, on ne paye que la moitié.

Un respectable monsieur dont je fis la connaissance profita indirectement du conseil. Il voyageait avec son valet de chambre, et paraissait fort humilié de le voir lui faire vis-à-vis aux démocratiques repas des stations. Caleb fut désormais envoyé à la concurrence, et put se payer à San-Francisco une montre d'or sur les économies qu'il avait faites en mangeant.

— Tout le monde à bord! s'écrient d'une voix de commandement les conducteurs du train. C'est le premier appel. Il y aura un réappel.

Attardons-nous un instant à jeter un coup d'œil sur les curiosités de l'endroit : collections de minéraux, pétrifications, têtes d'animaux empaillés, aigles ou pumas qui se rongent d'ennui dans des cages étroites.

Une rareté assez fréquente à ces stations est de voir de petits groupes d'Indiens *loafers* (mendiants), vêtus d'oripeaux bizarres et tristement accroupis sur des tas de bûches, le long de la voie.

Les voilà donc, ces Indiens! dit un petit bureaucrate de l'Est. On a vraiment raison de dire que ce sont des brutes!

— Oh! l'horreur! s'exclame à son tour une femme docteur. Voyez ces sauvagesses qui portent dans des boîtes fixées à leurs épaules leurs nouveau-nés malingres et souffreteux. *A bit to see the papoose :* vite une pièce blanche, un petit billet de dix sous pour voir le mioche! Oh! le pauvre baby! tout emmaillotté dans son étui d'écorce et de peau d'antilope! Et penser qu'il deviendra laid et méchant comme père et mère! Oh! l'affreuse guenon qui le porte sur son dos voûté!...

Heureusement la *squaw,* mère du *papoose,*

ne comprend rien à ce qui se dit, et ne voit que la monnaie qu'on lui donne.

Curieux ignorants, on a eu soin de ne pas vous dire que ces Indiens dégradés étaient la lie de leur nation. Et les Peaux-Rouges, qui ne voient généralement des « visages pâles » que les plus mauvais : des pillards de frontières, des mineurs sans foi ni loi, des agents dont les trois quarts sont menteurs et voleurs, n'ont-ils pas aussi quelque raison, ces indigènes, de penser tout le mal possible du peuple usurpateur?

— Tout le monde à bord!

C'est le dernier avertissement. Le train s'ébranle déjà, et chacun de courir pour le rattraper.

Courez à vos affaires, financiers, inventeurs, politiciens : le train n'attend pas. Surtout tâchez d'arriver à temps.

Nous ne lutterons pas de vitesse avec vous; nous regardons passer le train.

II

PIONNIERS ET MONTAGNARDS

3

— Perdu dans le désert! — Rencontre de serpents à
sonnettes. — Le terrible grizzly. — L'ours cannelle.
— Menu du trappeur. — Pêche aux truites. — Comment on chasse aux buffalos. —Un village de castors.
— Fourrures de toute espèce. — Adieu définitif à la
vie nomade.

Puisque nous y sommes, restons donc
dans ces prairies, et allons vivre de cette
bonne vie errante des pionniers et des sauvages.

— Avez-vous entendu parler de la *fièvre
de la prairie*, et savez-vous ce que l'on
entend par là ?

— La fièvre! Mais cela ne présage rien
de bon.

— Eh! eh! la fièvre de l'or!...

La fièvre des Prairies est une fièvre ma-
ligne qui ne lâche plus son patient une fois
qu'elle le tient. C'est une fièvre intermit-
tente. Au moment où vous vous y attendez
le moins, elle vient s'accouder à votre che-
vet; elle exalte l'imagination et fait briller

l'œil; elle donne des jambes et elle donne soif.

Contre elle il y a peu d'antidotes. C'est surtout après une longue accalmie, et spécialement dans le séjour des villes, que cette fièvre revient, s'installant dans le cerveau pour y faire son œuvre de termite et le surchauffer, si bien que les témoins de l'accès le qualifient souvent de folie.

Que faire, quand un solliciteur acharné vous poursuit de ses obsessions? Pour ne pas le mettre dehors, on sort avec lui. C'est aussi ce que fait le possédé de ce mal étrange, feu dévorant, rongeur opiniâtre...

On me racontait au Missouri que les ondes troublées du *Père des eaux* ont l'étonnante vertu de guérir la fièvre que le grand fleuve propage : ainsi en est-il de la prairie. Le remède est auprès du mal.

Ce nom de *fièvre de la prairie* caractérise, aux États-Unis, le violent désir de retourner à la vie sauvage éprouvé par tout individu qui en a goûté une fois.

Comme je comprends ces grands fauves qui végètent et meurent lentement dans nos parcs, et ces fiers Indiens qui refusent d'être mis au régime débilitant des tribus soumises!

C'est encore au *Far-West,* au *Wild West,* dans ce « sauvage Ouest » si méprisé, qu'il faut aller pour se rafraîchir le sang, respirer l'air libre, et trouver des horizons étendus. Qu'il fait bon, là-bas, chercher sa nourriture à la sueur de son front, fouler aux pieds le sol vierge du désert, sentir et voir l'infini tout autour de soi!

Évidemment, cette existence ne convient pas à tous, et je n'ai pas le moins du monde envie d'en exagérer les agréments, bien négatifs au point de vue de notre société policée. Moins que personne, je n'ai de raison de forcer la note enthousiaste, ayant eu moi-même, je l'avoue, pas mal de mé-

comptes et de désillusions dans les commencements. Ailleurs, j'ai donné, sans lacunes,
le journal de *Ma vie nomade aux Montagnes-
Rocheuses* [1]. Chasseur, j'y allais surtout pour
voir du gibier, et j'en ai relativement peu
vu; habitué au bien-être de la vie civilisée,
j'ai eu à m'endurcir contre toutes les privations, j'ai souffert de la faim, du froid, de
mille misères; et, malgré tout, les souvenirs
qui me sont restés de cette expédition sont
les meilleurs que j'ai rapportés de mes
voyages.

Aurais-je dû, comme on me l'a fait obser-
ver, cacher mes déceptions, et faire, après
tant d'autres, le roman de la prairie ou de la
montagne ? J'ai préféré ne donner que la
copie de mon journal. Rapporteur impartial,
— le plus du moins qu'il m'a été possible, —
j'y réflétais l'impression générale de notre

---

[1] Un volume in-18 jésus. Paris, Didot, 1878.

petite troupe. Il n'est guère admissible que nous fussions tous mal disposés, chagrins ou moroses : aurions-nous vécu ensemble sans nous quereller pendant plus de deux mois ? Ou bien avions-nous quelque motif d'aigreur contre notre destinée ou contre le genre humain ? Il semble que non, puisque notre jeune philosophie, plus humoristique que profonde, s'alliait fort bien à la plus franche gaieté.

Qu'on ne s'y trompe pas, avant de courir les bois ou la prairie, il ne suffit point de s'habiller de cuir, d'entonner un air du *Freischütz*, de s'écrier : « A nous l'espace ! Foin du confort des villes ! » Il faut encore et surtout faire ample provision de patience, oublier le foyer domestique, détacher ses regards et son cœur du chemin parcouru pour ne plus regarder que devant soi. A ce prix seulement, l'acclimatation est possible.

Et savez-vous quelles sont ces gens qui s'exposent à ce dur apprentissage?

Le plus grand nombre court après la fortune : ce sont des naïfs ou des présomptueux; d'autres, — les tristes, les blessés, les bandits sans feu ni lieu, — vont là pour se cacher.

De tous ceux pour lesquels faire fortune est le but, il en est bien peu qui n'aient déjà quelques notions de la rude existence qu'ils entreprennent. Rarement ils arrivent des villes américaines, plus rarement de la vieille Europe. Quelqu'un leur a parlé des trésors agricoles et miniers de la terre vierge. On en a rêvé la nuit, on y a pensé tout le jour; ç'a été la préoccupation constante pendant des mois. Que d'éblouissements dans ce mot : trésors! Et quel charme dans cette émancipation! Plus de propriétaire, plus de loyer, plus d'impôts! Avoir son *home*, son chez-soi! Changer de résidence à sa fantaisie comme un grand seigneur, voyager, être libre! Libre! Oui, c'est là qu'est la liberté, c'est là qu'est le bien-être. Arrière les soucis! Dans les premiers temps, vivre comme on pourra; mais plus tard l'aisance, la richesse... Le jour viendra où l'on sera quelqu'un !

C'est un raisonnement de célibataire. Dit-on de ces choses à un père de famille? Dans les pays arriérés, non; mais, dans la jeune Amérique, on peut trouver des défricheurs qui colonisent. Beaucoup ont déjà cherché fortune ailleurs : leur rôle est celui du coin de fer dans le marbre; ils pénètrent par soubresauts, par étapes, ouvrant la route et l'aplanissant pour les délicats qui aiment à trouver la besogne préparée.

A côté de ces rudes pionniers, il faut placer les mineurs qui s'en vont la pioche à la main, la carabine à l'épaule, remplir leur ceinture de poudre d'or et d'argent. Où vont-ils? Ils n'en savent rien. Ils se risquent. L'autre, du moins, le colon, possède quelques chevaux, vaches ou moutons; il n'en est pas de même du mineur. Il attend tout du hasard, il est fataliste comme tous les joueurs. Quelques connaissances géologiques sommaires, et l' « œil américain » : il ne lui faut rien de plus. A quoi bon des renseignements? Suspects! Le monde n'est-il pas guidé par l'intérêt personnel?... Ainsi raisonne-t-il, et son jugement se croit infaillible.

D'autres émigrants sont séduits par l'appât des aventures; ils vont s'attaquer à tout ce qu'ils rencontrent. Leur nom grandira sur les frontières; ce seront des héros. Munis de quelques provisions, armés de pied en cap, ils ne laissent rien derrière eux. Ils ne reviendront que couverts de dépouilles, s'ils reviennent. Ce sont des braves dépourvus de préjugés, et je ne sais quel prestige les accompagne. Quelques notions de droit naturel leur suffisent. L'insouciance fait le fonds de ces caractères. La prairie est leur domaine ; ils n'ont pas de domicile connu. Quand ils font une fugue jusqu'au fort voisin ou jusqu'à la première bourgade, leur infidélité n'est que d'un jour : le temps d'échanger leurs peaux de bêtes ou leurs trouvailles minérales contre des munitions et de la farine. Un pareil trafic ne les enrichit guère. Et le colon qui a hébergé pendant une nuit le chasseur nomade, se dit en le voyant reprendre le chemin du désert : « Heureux s'il préserve son scalp encore cette fois-ci ! »

Parmi ces hardis montagnards ou trappeurs, affublés des sobriquets les plus fantaisistes, il en est peu qui ne fassent bon marché de la vie. Ils ont leurs raisons pour cela. Des spéculations malheureuses, un chagrin secret, ont suffi à leur faire chercher la soli-

tude avec la même ardeur que d'autres
mettent à l'éviter. Souvent ce sont de nobles
cœurs, pas assez nobles toutefois pour comprendre qu'ils ont un but ici-bas, et que
c'est trahison de quitter la tâche que Dieu a
assignée à tout homme. Moralement, c'est
un suicide commis à la muette.

Mais la nature est là, et la variété des
scènes offertes à qui l'étudie de près est un
baume merveilleux contre les maladies cor-
rosives de l'âme : rien n'est plus propre à
relever l'homme découragé de tout.

C'est aussi pour chercher l'oubli que de
moins honnêtes franchissent la frontière de
la civilisation. Traqués par la justice des
hommes, la rage au cœur, prenant le dernier
parti qui leur reste, des échappés de bagnes,
voleurs, faussaires, meurtriers, criminels de
la pire espèce, se réfugient au désert comme
le faisait naguère le nègre marron : le plus
fin limier ne les suit pas longtemps. Là du

moins ils ne verront pas toujours suspendue
à un fil l'horripilante épée de Damoclès. Là
ils pourront, s'ils sont rusés, *sharp,* comme
on dit, vivre de rapines aux dépens des
colons ou des mineurs dont ils partageront
la vie; et, si l'endurcissement au crime n'est
pas complet chez eux, ils pourront peut-être
se refaire une honnêteté.

Mais, qu'il arrive d'Europe avec toutes les
illusions du chercheur d'or, ou bien failli et
ruiné du fond des États de l'Est; qu'il cherche
à « faire de l'argent » ou qu'il soit seulement
un *broken heart,* un pauvre cœur brisé, fuyant
les étroites conventions de la société; qu'il
ait le caractère entreprenant, hardi, résolu,
énergique, ou qu'il soit devenu sceptique,
farouche, brutal, ce qu'on appelle *rough*
enfin, l'aventurier qui se rejette ainsi à corps
perdu dans la vie sauvage est bien loin de
prévoir ce qui l'attend. A quelles difficultés
va-t-il se heurter dès le début? On frémit

d'y songer. Tout libre qu'il se croit, il devra peut-être travailler pour d'autres hommes, — si l'on veut bien de ses bras. Pour un tel mercenaire, quel pire ennemi que l'homme lui-même? Le Chinois est besoigneux et sournois; le Peau-Rouge est voleur, rusé, vindicatif, et le vagabond de sa race, aventurier comme lui, se montre son rival de tous les jours, tricheur à tous les jeux, sans aucun scrupule, prompt à toutes les fourberies.

Et dans le cauchemar des premières nuits de fièvre, défilera le cortége des fantômes les plus terrifiants : la faim, la soif, les maladies, les accidents. Plus près de lui, à travers les flammes du bivouac, des ombres se montreront menaçantes : des troupes de loups, des jaguars, des ours et des serpents; il se verra en butte aux coups d'ennemis plus insatiables et plus insaisissables : les sauterelles et les moustiques. Son imprévoyance gaspillera ce que la chasse et la pêche lui auront procuré de vivres. Dès les premiers jours il manquera d'eau, de combustible; ou bien son estomac devra se contenter d'écorces et de fruits amers, trop heureux s'il a pour se repaître le précieux navet indien. « Je suis donc maudit! s'écriera-t-il; rien ne me réussit, tout tourne contre moi. »

S'il a la chance de rencontrer quelque vieux coureur des bois, trappeur ou traitant, celui-ci ricanera doucement : « Vous êtes encore *vert;* c'est un défaut dont on se guérit tous les jours », lui dira-t-il pour le réconforter.

Et c'est vrai. Tant qu'il n'a pas acquis le degré de sauvagerie voulu, tant qu'il ne s'est pas cuirassé contre les vicissitudes de la vie, qu'il n'est pas parvenu à se suffire à lui-même et à secouer cet abattement de naufragé, le nouveau venu est encore « vert ». On m'a cité des hommes courageux qui n'avaient pu, au bout de plusieurs années, arriver au point de maturité exigé dans de telles circonstances. Vous aurez beau vous croire l'âme trempée de façon à défier les événements, elle aura plus d'un retour sur le passé, plus d'un soupir, plus d'un accablement de se trouver seule ainsi dans le désert.

Ce n'est pas dans la Prairie proprement dite, c'est dans un de ces vallons élargis qu'on appelle aussi *prairies,* délicieuses pelouses qui s'étendent à perte de vue entre des collines plus ou moins élevées, c'est là que s'élèvent les « ranches », hâtives constructions des colons. Au delà du dernier *ranche,* de la dernière cabane, transportons-nous un instant par la pensée à la suite de ce nouvel arrivé qui va planter sa tente.

L'emplacement est bien choisi. Une rivière rapide roule ses eaux claires entre une double haie d'aunelles. A vingt pas de l'endroit où ses rives s'abaissent pour former un gué, l'émigrant arrête le wagon qui porte sa fortune. Les mules sont bientôt dételées et toutes joyeuses se roulent un moment sur le sol; puis, après avoir été boire à longs traits, elles commencent à tondre l'herbe bleue et rose, fine et drue, de ce pré naturel.

Le colon les regarde et semble repaître ses yeux de ce spectacle. Son regard a la tendresse émue d'un regard d'amoureux. Cet homme rêve. Il est heureux; il a trouvé ce qu'il cherchait. Voici de l'herbe en abondance, des terrains d'alluvion propres à toute culture; voici une belle eau limpide dans laquelle sautent des truites qu'il soupèse déjà. Plus loin, un bosquet de pins prêt à fournir le chauffage et le bois de construction, et, sur les hauteurs qui enserrent cette oasis charmante, d'épais fourrés d'arbres-coton, remise chère au gibier.

Le site est ravissant, et, comme un joyeux sourire de bienvenue, les feux mourants du soleil caressent de tons doux et satinés le domaine tout entier. Car ce domaine est le sien : il était au premier occupant, il est à lui, à lui qui hier encore ne possédait pas une demi-acre de terre. Oh! qu'il est bon de se sentir ainsi chez soi!

Mais un cri strident et prolongé se fait entendre, et l'homme y répond par un autre cri qui éclate décuplé dans l'atmosphère calme et pure. Tout retombe ensuite dans le silence jusqu'à ce qu'un hennissement des mules avertisse de nouveau le maître.

Il voit alors, suivant les traces qu'a laissées le chariot, un petit convoi de bestiaux, vingt-cinq bêtes au plus, escortées d'un homme à cheval et d'un magnifique terre-neuve.

— Bonté du ciel ! s'écrie le nouveau venu après avoir traversé le ruisseau, vous avez découvert la Terre promise!

— Le fait est, capitaine, que nous ne serons pas mal ici, je présume.

— Vous avez raison, colonel, vous avez raison comme toujours. Tout le monde vous donne raison. Voyez les vaches, monsieur, voyez comme elles sont attablées ! Elles n'ont jamais été à pareille fête.

— A notre tour maintenant, mon vieux ! Descendez de cheval, sans vous commander, et nous pourrons dresser la tente.

— Oh ! Dick est toujours prêt à donner un coup de main. Toutefois, mon opinion est que ce n'est pas nécessaire aujourd'hui. Le ciel est sans nuages ; il va geler. Qu'avons-nous besoin d'un ciel de lit ?... Et, à propos, le feu, Charley ! Voilà que le soleil se couche, et le froid viendra vite. Comment, vous n'avez pas songé au feu ?

Alors Charley saisit dans le wagon une hache légère dont le manche est en bois d'hickory, et s'en va couper le baliveau mort le plus proche. Puis le feu s'allume, et nos deux amis enfouissent dans la braise la cafetière légendaire qui les accompagne partout. L'un d'eux tire du wagon une pièce de venaison pour la faire rôtir à la broche, tandis que l'autre remplit sa gourde au baril de whisky.

Nos deux associés veulent fêter dignement leur joyeuse entrée dans leur royaume. Longtemps la causerie se prolonge au coin du feu, causerie animée plus qu'à l'ordinaire, et où les deux compagnons se traitent tantôt avec les plus grands, égards et tantôt avec la plus grande familiarité.

Étrange contraste que ces prétentions au savoir-vivre, ces exagérations de politesse alternant avec les expressions les plus triviales! Ce sont là signes de race. Le Yankee ne peut pas plus se départir dans l'énoncé de ses opinions d'un certain ton déclamatoire et presque hypocrite que l'homme de l'Ouest ne peut s'empêcher d'appeler les choses par leur nom, dans le langage le plus fruste qu'on puisse imaginer.

Ici nous avons un mélange de l'un et de l'autre : nos futurs *settlers* sont nés au bord de l'Atlantique, et, bien jeunes, ont commencé à marcher vers l'Ouest, essayant de tous les métiers. Pour « faire de l'argent », ils se sont avancés d'étape en étape, guidés seulement par l'esprit d'aventure, le pire des guides, et qui ne vaut pas le chien d'aveugle. Diverses couches successives se sont ainsi superposées sur le premier vernis, et il en est résulté le plus singulier amalgame du monde. De pareils types ne sont pas rares au Far-West.

Mais la nuit est venue brusquement.

— Du diable si je vois encore la fumée de ma pipe! s'écrie Charley. Vous n'ignorez pas, vieux Dick, qu'il n'y a pas de plaisir à fumer dans l'obscurité. D'ailleurs, je vais m'endormir. Y voyez-vous quelque objection, capitaine?

— Une seule, mon digne ami : s'il doit

geler toute la nuit, et mes rhumatismes se prononcent en faveur de cette hypothèse, s'il doit geler, nous n'aurons pas assez de combustible. Où donc avez-vous mis la hache?

— Oh! la hache, c'est mon outil de prédilection.

— Oui, je sais que cela vous connaît.

— Voilà contre mon dos un jeune arbre sec comme une allumette. Je gage qu'il ne me faut pas plus de quatre coups pour l'abattre.

Et le colonel, brandissant sa hache, en quatre coups bien dirigés renverse tout à côté du foyer un jeune arbre de vingt ans.

Au fracas de la chute succède un bruit de galop.

— C'étaient les animaux domestiques, dit le capitaine. Tout va bien. Pas d'ours aux environs. Du reste, Bravo est préposé à notre garde.

Sur un signe de son maître, Bravo, le

terre-neuve, s'éloigne pour rassembler vaches, chevaux et mules auprès du camp.

Pendant ce temps-là, les colons débitent l'arbre mort, en empilent plusieurs tronçons sur le foyer, puis, s'enroulant dans leurs couvertures, s'étendent les pieds vers le feu et s'endorment paisiblement.

Ni la lune qui brille au ciel, ni l'appel mélancolique de l'orfraie vigilante alternant avec les refrains éclatants de la grenouille d'arbre, ni les voix discordantes d'une meute de loups hurlant dans la montagne, aucune de ces influences extérieures n'est capable d'inquiéter le sommeil de ces hommes habitués à la vie en plein air. Leurs sens sont déjà engourdis. Ils vont rêver qu'ils font fortune.

Et demain, lorsque le soleil paraîtra, leur premier soin sera d'étudier un plan pour leur habitation.

Nos architectes improvisés l'ont bientôt

dressé. De préférence à quelques pas du ruisseau, tout auprès du gué, s'élèvera la *log-house,* la maison d'émigrants.

Sans perdre de temps à discuter la valeur des matériaux, ils iront à la recherche de jeunes pins rouges d'égales dimensions et en feront un grand abatis. A peine équarries, mises en équilibre l'une sur l'autre, rejointoyées avec de la boue que le soleil se chargera de sécher, ces grosses perches feront tous les frais de l'édifice. Quelques pierres plates posées sur champ formeront la cheminée. En quelques jours, sans fondements, sans clous ni ciment, le chalet rustique sera bâti. Plus tard, qui sait? une table de pierre, des escabeaux formés avec de vieilles souches d'arbres, un lit peut-être, fruit des longues soirées d'hiver, sans préjudice des trophées de bois de cerf, d'antilope ou d'élan, viendront meubler et décorer cet ermitage.

On pourra songer alors au *corral.* Le

corral est un enclos carré fermé d'une haute palissade : fenil ou refuge des bestiaux par les temps de neige, parc d'acclimatation, lieu de réunion annuelle et obligatoire des veaux qu'il s'agira de marquer au fer rouge, prison des chevaux ou mulets indociles qui y resteront entravés, le *corral,* dans ses multiples destinations, est de toute première nécessité.

Voilà tout le monde casé. Fiers de leur ouvrage, nos colons ont certes bien mérité de s'adonner aux distractions. Que leur faut-il de plus? Les vaches ne donnent-elles pas du lait en abondance? la rivière n'est-elle pas riche en truites, et la forêt vive en grands fauves?

Ces hommes sont heureux à leur manière, mais ils sont hommes, et partant, ambitieux. Nous l'avons appris, ce n'est pas la première fois qu'ils essayent de la vie insouciante et aventureuse à la fois du Far-West. Ailleurs, ils se sont occupés déjà d'élevage, laissant leurs troupeaux se multiplier et s'engraisser à leur guise dans les pâturages naturels que broutaient naguère encore les buffles. Mais la vie pastorale lasse l'homme d'action. Le jour où s'est présenté un Irlandais portant sur lui de l'argent comptant et décidé à acquérir la propriété, le syndicat s'est empressé de réaliser. Toute réflexion faite, exceptant du marché un petit lot des meilleures vaches laitières, nos aventuriers ont échangé le reste de leur avoir, la propriété et tout ce qui était dessus, contre un matériel agricole et des instruments aratoires tout neufs.

Le « wagon » que nous leur avons vu amener, de construction solide et légère, ce chariot d'émigrants popularisé par la gravure, lewagon contient toutes ces choses. Sous les sacs de farine et de semences diverses est caché le matériel agricole :

la *sulky plough* ou charrue particulière inven-
tée spécialement pour *briser* le sol vierge,
un choix d'outils indispensables et même
une moissonneuse du dernier système. Chaussures et vêtements de rechange, lassos et
harnais, batterie de cuisine, trousse de phar-
macie, munitions de chasse et de pêche, une
grande quantité de café, du tabac en feuilles
comprimées, jusqu'au tonnelet de whisky,
tout est entré dans ce wagon que traînaient
allégrement deux mules. Un habitant du
vieux monde se représentera difficilement
les obstacles de tout genre qu'ont dû sur-
monter nos émigrants pour amener leurs
bagages jusqu'ici, en dehors de tous sentiers
battus, à travers bois, rivières et rochers.

Et maintenant que s'est arrêtée cette nouvelle arche de Noé, le rameau d'olivier est
entre les mains des nomades. Conquérants
pacifiques, ils tracent selon leur bon plaisir
les limites de leur domaine.

La terre est d'excellente qualité : c'est une « prairie » ondulée, arrosée de sources nombreuses, fertile en promesses inépuisables pour qui en prend possession. Sur la montagne, la célèbre herbe à buffalos suffira à la nourriture du petit troupeau.

Tout permet ici de créer une exploitation modèle. Les herbes naturelles de la vallée sont condamnées à disparaître, et le premier agent employé est le feu. Dès que l'incendie aura été éteint faute d'aliment, les colons pourront mettre la main à la charrue. On dit qu'un homme et deux chevaux peuvent en un jour, au moyen de la *sulky*, labourer un hectare, soit deux acres et demie, mesure agraire américaine. Il ne leur faudrait donc que six semaines à deux mois pour donner le premier labour, celui d'été, aux 160 acres auxquels a droit le premier occupant, en vertu de l'acte du Congrès.

Cependant les herbes folles reviendront

encore, et, à l'automne, il sera nécessaire de
retourner la terre en sens inverse. Ensuite,
un hersage fait avec soin la préparera à
porter du maïs ou des légumes, si le *squatter*
ne sait pas modérer son impatience. Plus
sage, il attendrait que l'hiver et la gelée
eussent rendu friables les paquets de racines
emmêlées depuis des siècles. En tout cas, il
ne songera à semer du blé que la deuxième
année. La mise en train seule exige un peu
de peine. Dans les bonnes terres d'alluvion,
les récoltes se suivent sans assolement.
L'engrais est une nuisance.

Décidés à faire de la culture en grand, nos
hommes défricheront aussi les collines, et de
la façon la plus expéditive, en mettant le
feu aux bois : il ne restera debout çà et là
que le tronc calciné d'un cèdre ou d'un pin
géant, et, sous cette égide tutélaire, on verra
se presser en rangs serrés des moissons
évoquant l'image de l'âge d'or.

Peu à peu, une ligne serpentine de perches croisées viendra barricader l'ensemble des champs et préviendra toute compétition de la part d'un voisin qui peut arriver d'un moment à l'autre. Les charmes de la société sont peu de chose pour les pionniers. On peut être certain, lorsque les deux rives des rares cours d'eau ont été prises, que personne ne perdra son temps à creuser des puits.

Telle est l'esquisse rapide, non le mirage, des premiers travaux du *squatter* en possession du sol vierge. Il ne lui reste plus qu'à faire cadastrer son domaine.

Trois ans après son installation, il reprendra le chemin du chef-lieu de district, emmenant avec lui les produits de sa culture et tout ce dont il veut se défaire. Arrivé au hameau misérable qui porte le nom de *city*, il va tout d'abord frapper à la cabane de l'agent du gouvernement. Allant droit au fait, il justifie de sa résidence ininterrompue et réclame son titre de propriété. On ne peut le lui refuser. De *squatter* le voilà devenu *settler*.

Ce n'est pas tout. En payant un dollar et quart par acre, il pourra ajouter un nouveau « quart de section » à celui qu'il possède déjà : c'est le droit de préemption. Ce droit n'est pas plus étendu, et il ne faut pas s'en étonner, parce que l'établissement du colon le premier arrivé dans une région fertile empêcherait le pays de se peupler. Toutefois, une famille composée du père et d'au moins deux fils majeurs aura le droit d'acquérir une section entière, ou 640 acres d'un seul gazon. Ce dernier chiffre est le maximum que peut atteindre une propriété au Far-West. Au surplus, par des ventes simulées, il n'est pas rare que l'on élude la loi, faite seulement dans un but de colonisation.

Un de mes compagnons des Montagnes Rocheuses, un garçon charmant qui avait tout ce qu'il fallait pour réussir dans le monde, est allé à vingt et un ans planter sa tente aux dernières limites du Texas. Je n'ai pas été surpris de sa détermination. Doux, et naturellement porté vers l'étude de la nature, énergique sous des apparences modestes et timides, mon ami était revenu de notre expédition fortement pénétré des impressions de la vie sauvage.

La pureté de l'atmosphère, le climat tonique et stimulant, la majestueuse beauté de ce paradis terrestre, tout l'attirait et le retenait.

Il avait la fièvre de la Prairie.

Tu ne la quitteras plus de si tôt, cette chère Prairie, mon vieux camarade. Te voilà pour longtemps ranchero sur les frontières des Indiens! Es-tu satisfait de ta nouvelle vie? Es-tu à la tête d'une vaste exploitation agricole? Es-tu devenu un de ces *cow-punchers kings*, un de ces « rois » des éleveurs qui envoient chaque année des milliers de têtes de bétail au marché de Chicago?

Sans doute, les commencements auront été pénibles. Comme tant d'autres, tu auras dû travailler de tes mains. Nuit et jour tu auras dû défendre ton troupeau jeune et inexpérimenté contre les carnassiers et les maraudeurs. Les produits de la chasse et de la pêche auront-ils suffi à ta nourriture, à cet appétit féroce que je t'ai connu?

Il me semble te voir, comme à nos jours de famine à Ohio Creek ou à Belgian Creek, faisant sauter dans la poêle à frire des tortillas, des crêpes ou des galettes confectionnées avec ce qui te reste de blé indien. Et je te vois rire silencieusement en faisant, pour les assaisonner, bouillir l'eau des ruisseaux salés.

Victime de ta loyauté dans les échanges, victime du gaspillage de tes domestiques, ramassés, — hélas! il le faut bien, — dans

les dernières couches de la société, n'en
as-tu pas été réduit à l'expédient des
Diggers, de ces Indiens de la tribu des
Fossoyeurs? ne t'es-tu pas contenté de racines
comestibles, de patates sauvages ou de
pommes blanches?

Pauvre ami! Tout n'est pas rose dans la
vie du colon, et tu en auras fait l'expérience.
A la distance qui nous sépare, on ne peut
deviner les pensées, les préoccupations, les
soucis qui ont certainement passé dans cette
tête de vingt ans.

Allez donc au bout du monde pour être
tranquille! Les soucis vous suivront comme
votre ombre, et ce n'est qu'en marchant
dessus, en faisant tête aux chiens, que vous
trouverez le répit, parce que vous vous
sentirez le plus fort.

Eh! sans doute, le tableau a son côté
sombre. Dans cette prairie qu'on avait
quittée si riante et si belle au printemps, les

troupeaux avides peuvent n'avoir trouvé à
fourrager que du foin naturel rôti sur pied
par le soleil. Pour obtenir de l'herbe meilleure, l'incendie sera promené en tous sens.

Il peut être arrivé pis encore. L'épidémie
est fréquente au Texas parmi le bétail
importé. Un seul achat moins judicieux peut
avoir causé la perte de toutes les bêtes non
complétement acclimatées.

Et puis, gare aux invasions de fourmis
rouges, gare surtout aux sauterelles dont les
hordes affamées tombant sans avertissement
préalable sur la prairie, sur les champs
nouveaux, sur les arbres même, rongeront
jusqu'au dernier vestige de verdure.

Si, à ce moment, les hommes à gages
désertent ou se mettent en grève, exigeant
une double paye, si ce sont des nègres et
que, par leur incurie habituelle, ils ont laissé
se détériorer les outils, les machines perfec-
tionnées, alors tout est à recommencer.

. Encore faut-il avoir, comme on dit, les reins solides pour supporter de pareilles épreuves.

Bah! le sang-froid domine la situation la plus critique. Mon ami n'est pas sans avoir une forte réserve pour les mauvais jours. Il s'est dit d'avance qu'en toutes entreprises les devis et prévisions étaient dépassés par la réalité. A quoi lui serviraient l'expérience ainsi que les multiples connaissances acquises, s'il ne savait reconstituer sur des bases nouvelles le *settlement* un instant compromis? Le découragement n'a pas eu de prise sur son âme; ses vaillants efforts sont enfin couronnés de succès.

Tour à tour architecte, éleveur, fermier, ingénieur, il ajoute à son *ranche* des dépendances nouvelles : dortoirs pour son personnel, hangars pour la « machinerie ». abris pour les moutons, laiterie sous le sol traversée par un cours d'eau et ventilée par des appareils chinois; il maintient ses troupeaux de bœufs, de moutons et de porcs dans les conditions hygiéniques les plus favorables, et par une sélection intelligente arrive à développer, suivant les cas, os et muscles, viande ou graisse; il creuse des fossés d'irrigation, plante des arbres fruitiers, trace des routes, construit des ponts. Il a l'œil à tout.

Le soir venu, il rentre chez lui, décroche sa selle mexicaine aux larges sabots de bois, ses éperons à clochettes, son grand fouet de *bullwacker* et le lasso utile à tous les usages, puis il lance dans l'air un long sifflement aigu. Presque aussitôt il voit apparaître au galop son cheval favori, un grand poney du Texas à la robe rude et mouchetée qu'il a payé trente à quarante dollars au plus. Le bon compagnon sait ce que l'on attend de lui et s'y prête volontiers.

Ainsi équipé, le *settler* s'en va faire son tour de propriétaire. Il aide ses *cow-punchers* à ramener vers le centre les bestiaux épars. Dans leur galop incessant, ils enferment et rassemblent, à grands coups de chambrière accompagnés de cris sauvages, les animaux domestiques groupés çà et là. Lorsque le cercle se sera rétréci, les voix et les fouets cesseront d'éclater, tout se taira, les vaches se coucheront l'une après l'autre, et, sans crainte du lendemain, le colon pourra, lui aussi, penser à se reposer.

La fiction n'entre pour rien dans ce cadre synoptique, où j'ai réuni tout ce que je sais de la vie du colon. Je voudrais, avec la même connaissance de cause, retracer la vie du chercheur d'or. Je l'ai vue de moins près. Ce que j'en ai entendu dire n'engageait pas beaucoup à en connaître davantage.

De loin, elles paraissent tentantes et pleines d'émotions, ces chances que l'on

court pour s'enrichir. Mais attention ! C'est
un jeu qu'il ne faut pas jouer avec des grecs.
La société ne passe pas pour être très-choi-
sie dans les mines d'or. Oh ! je suis tout disposé à croire qu'elle vaut mieux que sa réputation. L'homme n'est pas naturellement
vil. La contagion seulement me fait peur,
parce qu'elle amène la décomposition.

Il ne manque pas de recruteurs pour les
prospects. Leurs appels et leurs piperies
engluent les déclassés. Je ne puis me rappeler
sans dégoût un vieillard qu'il m'arriva de
rencontrer dans l'un des endroits les plus
pittoresques des *parcs* du Colorado. Depuis
trente ans, cet homme courait les *placers;*
des millions avaient glissé entre ses doigts
de terrassier; et le jeu, l'inconduite, les or-
gies de quelques nuits avaient chaque fois
dévoré le trésor conquis au prix des plus
grandes souffrances.

Une dernière fois, disait-il, il voulait s'enrichir et saurait bien conserver pour ses derniers jours ce qu'il pourrait encore glaner; il le jurait sur ses cheveux blancs, le malheureux! Tous les raisonnements du monde ne l'auraient pas arrêté. C'était un incurable.

Combien j'en ai vu partir, de ces mineurs, se croyant plus retors les uns que les autres, tous munis d'un secret infaillible qui devait les faire réussir! Des tatouages, des amulettes, des fétiches, leur couvraient le corps. Dans le nombre, plusieurs étaient bien capables d'avoir pendu quelqu'un, rien que pour avoir de la corde authentique.

A cette époque, la petite ville de Cheyenne, capitale du nouvel État de Wyoming, était le rendez-vous de ces hallucinés. Sur la foi des journaux, ils se dirigeaient vers un point désigné des Black Hills, où devaient se trouver de considérables gisements métalliques. Par tous les trains se précipitait un débor-

dement de gens à mauvaise mine, qui se ré-
pandaient dans les hôtels avec leurs armes
et leurs outils de travail. Paisibles, du reste,
malgré leurs allures inquiétantes, ils sem-
blaient peu communicatifs et cachaient, sous
un fatalisme apparent, leur méfiance instinc-
tive. Leur laisser-aller dépassait tout ce que
j'avais vu.

A table, j'avais pour vis-à-vis une brute
au linge sale, à la barbe inculte. C'était un
professeur. A ses doigts crochus brillaient
des diamants de la plus belle eau. Par-dessus
la nappe, l'un de ses pieds, heureusement
botté, tenait en respect la corbeille de fruits.
J'aurais pu le soupçonner de vouloir m'ôter
l'appétit, si l'honorable professeur n'avait
été l'objet d'attentions particulières. Toujours servi le premier, il expédiait avec vo-
racité les ragoûts les plus hétéroclites qu'il
râtissait dans son assiette; puis, sans sour-
ciller, replaçait à côté de son pied le verre

de thé glacé qu'il faisait souvent renouveler. Les nègres qui nous servaient, attachés depuis peu de temps à l'hôtel, ouvraient démesurément leurs bons yeux ahuris, et, rêvant de verroterie, laissaient tomber les soucoupes qui tenaient lieu de plats. Sans souci de nos réclamations, ces hommes libres s'échouaient bientôt derrière nous, sur les canapés, en dodelinant la tête.

Je me crus dans une maison de fous et cherchai à m'enfuir; mais il fallait attendre le train du lendemain, près de vingt-quatre heures encore.

Dans le *hall* de l'hôtel, le contact de ces épaules trapues, l'expression de ces physionomies aux appétits désordonnés, la trivialité de l'argot dans lequel s'échangeaient les saluts, tout froissait, tout répugnait, tout donnait une triste opinion de l'espèce humaine.

Plus loin, au *bar room*, les clients assidus,

débraillés et dyspeptiques, crachaient avec
ensemble au plafond et se levaient de temps
à autre pour aller boire une consommation.

·Il me restait à me réfugier dans le cabinet
de lecture. La presse locale y était seule re-
présentée, et j'eus tout loisir de m'extasier
avec elle sur les ressources de Cheyenne,
l'urbanité de ses habitants et l'avenir réservé
à ce *centre intelligent et cultivé.*

Le soir, dans les rues peu ou point éclai-
rées, des détonations d'armes à feu retentis-
saient sourdement, et par les fenêtres des
cabarets on apercevait, dans des poses
dignes des héros de l'*Assommoir,* les millionnaires de demain s'offrant des *tournées.*

Un incendie éclata la nuit en face de
l'hôtel. Les trottoirs de bois communiquè-
rent le feu à tout un pâté de maisons. L'admirable organisation des pompiers parvint à
sauver les autres *blocs.*

Le lendemain, la ville avait son aspect ordinaire. Des trappeurs parcouraient les rues au galop, le fusil en travers de la selle et le lasso enroulé sur l'épaule. A tout moment passaient des diligences bondées de voyageurs à l'air fruste et sournois, qui s'amusaient à tirer en l'air des coups de pistolet pour annoncer leur départ *urbi et orbi.*

Un détail me frappa.

Ces diligences étaient d'anciens camions d'une compagnie de transports de New-York, et sous le siége du cocher s'étalait en lettres énormes l'ancienne étiquette sociale : *millions in it.*

En achetant au rabais un billet de retour pour le chemin de fer dans une boutique de tabac, je m'informai de la destination de ces véhicules.

— Eh ! Deadwood, *mister!* C'est du nouveau, Deadwood. On y a trouvé de l'or et de l'argent. Il n'y a qu'un mois que la découverte a été faite, et déjà Deadwood a des milliers d'habitants.

— Vous allez bien, dans ce pays-ci ! Mais comment Sitting Bull, le grand chef des Sioux, vous laisse-t-il faire ?

— On l'a repoussé, *mister*. On se bat tous les jours. Les blancs sont en force.

— Je leur souhaite bonne chance.

Et de nouvelles diligences, des chars d'émigrants, des cavaliers, passaient toujours, montant vers les Black Hills. L'admirable transparence de l'air me permettait de les suivre longtemps des yeux

Dans la plaine immense, on eût dit qu'ils n'avançaient pas, tandis que bien loin, bien loin, les forêts sombres des Black Hills m'apparaissaient tout autres qu'à eux, comme un monument respecté par les siècles et s'écroulant sur des Vandales.

Depuis mon départ de Cheyenne, j'ai pu étudier les travaux des chercheurs d'or ;

mais je ne veux pas répéter ici ce qui sera mieux à sa place dans mes notes rapportées de Californie.

L'intérêt pour moi eût été bien plus grand si j'avais pu, au risque de passer pour un espion, pénétrer dans quelque exploitation nouvelle comme celle de Deadwood.

Pour s'en faire une idée, il faut avoir lu les *Scènes de la vie des mineurs et des Indiens en Californie,* vigoureusement enlevées par Joaquin Miller.

L'impression en est ineffaçable lorsqu'on a, fût-ce un instant, coudoyé la rude société de ces travailleurs. C'est du naturalisme de la bonne école.

Au milieu des types les plus repoussants du monde, il y a des laideurs auxquelles on s'habitue, des infortunes qui font pitié. L'antithèse est perpétuelle entre les beautés immuables de la nature primitive et l'orgueilleuse obstination de l'homme à tout faire tomber autour de lui pour paraître plus grand qu'il n'est.

Mes conversations avec les anciens mineurs concordent avec mes lectures. Ils ont l'air de gens échappés à un naufrage. Tant d'autres ont laissé s'engloutir patrimoine, santé et conscience! La sagesse n'est venue qu'après coup.

Aux plus jeunes, aux plus forts, cette vie d'aventures ne se montre que par les côtés enivrants; et lassés parfois, jamais rassasiés, ils sont toujours prêts à recommencer.

Pauvres naïfs! L'appât les attire, les fascine. Ils n'ont plus de repos qu'ils n'en aient goûté. Des quatre coins de l'horizon voyez-les accourir à la curée!

Ils ne s'en cachent pas, au contraire! Affolés par les chansons à boire de la presse, qu'ont-ils donc tous à dire qu'ils ont soif? Est-ce qu'il n'y a donc plus de par le monde

que des partageux, des égoïstes, des imbé-
ciles ?

Eh bien, soit ! dira un Européen, allez-y
donc, puisque rien ne peut vous retenir.
Allez au fond des forêts recueillir des pépites
d'or ; battez-vous au revolver et au couteau
pour conserver ce que vous avez déterré ;
buvez du whisky pour vous donner du cœur ;
jouez dans l'espoir de doubler votre gain ;
devenez *sharp*, si vous croyez que cette
finesse ne confine pas à la friponnerie. Espé-
rez-vous que votre corps résistera à ce labeur
excessif, compliqué de plaies et bosses et
d'émotions malsaines ? Ce n'est rien encore.
Devenu riche, vous rentrerez dans la société ; elle n'est pas difficile, si du jour au
lendemain elle vous ouvre ses bras. J'admets
que vous deveniez un personnage : vous ne
vaudrez jamais que votre pesant d'or...

Eh ! qu'importent ces exhortations d'es-
prits chagrins ! Les aventuriers ne se mé-

prennent point sur l'opinion que l'on se fait d'eux. Ils vont même plus loin, et se considèrent comme des coquins jusqu'à preuve contraire.

C'est la conséquence de la promiscuité forcée avec les décavés, les cyniques, les chevaliers d'industrie. Par leurs désordres, ceux-ci font peser une complicité morale sur ceux qui partagent leur vie et leurs travaux.

Joaquin Miller observe que tous les mineurs ont des sobriquets. « Il se peut, dit-il, que ce soit dans l'intérêt de ceux qui ont quelque raison plausible pour cacher leur véritable nom... »

Les joueurs de profession, les vagabonds, tous ceux que l'on est convenu d'appeler *desperadoes*, ont pour spécialité de rôder autour des mines, mais ils n'y font pas la loi. Leurs fréquents déplacements ne sont pas toujours heureux.

Il leur arrive de voir leur incognito trahi par un ancien associé ou par une dupe affamée de vengeance. Alors le juge Lynch se charge de faire un terrible exemple. Les arrêts de ce grand justicier sont immédiatement mis à exécution : c'est une véritable Sainte-Vehme.

Aux Black Hills, dans les *nouvelles fouilles,* les tableaux de mœurs se succèdent, colorés, dramatiques. Comment ne s'est-il pas encore trouvé un peintre assez courageux, assez amoureux de son art pour aller les saisir sur le vif? Dira-t-on du peuple américain qu'il ne témoigne aucun intérêt pour l'art?

Mais écoutez-le parler : il y a chez lui une éloquence naturelle et surtout fort originale. L'artiste cependant cherche encore sa voie. Il reste confiné dans l'*illustration* mercantile, les portraits de parvenus ou la peinture décorative des *cars* de tramways. La fantaisie d'un Mécène désireux de décrasser ses écus, tout au moins le coup d'épaule de Barnum, devrait bien envoyer quelques élèves choisis faire une quarantaine dans un simple camp de mineurs. Ils en reviendraient avec de la couleur et du sentiment, et bientôt nous forceraient à apprendre leurs noms. Plus tard, leurs œuvres passeraient l'Océan, faisant l'envie des collectionneurs.

Jusqu'à présent, ce n'est pas pour son éducation artistique que Yankee Doodle s'en va sur sa mule, chevauchant d'un *claim* à l'autre. Il applique toutes ses facultés à découvrir les indices ordinaires de la présence de l'or.

Souvent il s'arrête, donne à la terre quelques coups de pic au hasard, examine le sable détaché, le soupèse, le palpe, le goûte, le lave au ruisseau voisin, et déçu ou médiocrement satisfait, il repart pour dompter le mauvais sort.

Si quelque circonstance favorable le retient, il entrave sa mule, descend ses bagages et, par une encoche rapide à l'arbre le plus voisin, prend possession du sol en y inscrivant son nom.

Il sait bien des choses pratiques en minéralogie; il sait que tout ce qui brille n'est pas or; il recherche le sable noir dans le ruisseau, les cristaux de quartz ou les pyrites de fer dans la montagne. Au besoin, il détourne par un barrage le cours de l'eau et s'assure si elle ne convoie pas de l'or. Il creuse des puits jusqu'à la couche de rocher, fore des trous de mines et ne compte que sur ses propres forces, car, tout gauche qu'il paraît, il est robuste et tenace.

S'il s'associe, c'est avec un plus jeune, parce que les jeunes portent bonheur.

Une résignation stoïque le soutient dans l'adversité; il ne s'énerve pas facilement et compte bien trouver un jour son trésor dans une gangue de quartz.

On cite de ces coups de fortune extraor-
dinaires : d'anciens mendiants sont devenus
subitement plusieurs fois millionnaires... —
et fous par surcroît. Le cerveau ne résiste
pas à de tels éblouissements. Dans les ban-
ques, n'arrive-t-il pas que des employés
sont pris de vertige, à force d'entendre le
ruissellement de l'or?

Dans un camp de mineurs, dans une
exploitation en pleine activité, la passion
endiablée des richesses est bien plus appa-
rente. C'est l'image d'une bataille. Une même
colline est attaquée en tous sens. Des brè-
ches à fleur de sol l'entament, des galeries
obliques la minent, des puits perpendiculaires la perforent. Aucun plan d'ensemble.
Chaque brigade est une société anonyme.
Elle a fait une tontine. On marche d'inspiration comme d'autres joueraient à la rou-
lette.

C'est un chassé croisé d'un entrain indescriptible. On lutte jusque sous terre. Aux points de rencontre, c'est à qui passera le premier. On jure dans toutes les langues du monde. Parfois la parole reste aux rifles.

Malgré la mort et les défections des *lâches*, le camp de ces barbares s'étend chaque jour. Bientôt des rues sont tracées et des huttes bâties tant bien que mal.

A peine ont-ils le nécessaire qu'il leur faut déjà le superflu, et tout d'abord un journal et un *club*.

Avec le bien-être augmentent les besoins : différents métiers trouvent de l'emploi. En fin de compte, qu'ils travaillent le fer ou le cuir, qu'ils manipulent les épiceries ou les drogues, le tabac ou les conserves de légumes, ils sont tous alchimistes, ils cherchent tous à faire de l'or. Tout se paye cent fois sa valeur. Aussi les oiseaux de proie arrivent en foule.

Moins de six mois après, la population a

décuplé, et le camp a pris rang de cité.

Autant l'Européen se sent peu de sympathie pour les chercheurs d'or, autant il s'engoue aisément des exploits des *trappeurs*. Il faut être bien casanier de nature, bien ami de la vie factice, pour ne pas voir tout ce qu'il y a d'affriolant dans cette perspective d'être son maître, de ne devoir rien à personne, de n'avoir jamais à revenir sur ses pas, jamais d'autre résidence que celle où l'on se plaît, jamais d'autre guide que son bon plaisir.

Il n'est pas donné à tout homme d'explorer des forêts vierges; mais si l'occasion vous est offerte, à vous qui n'en avez pas vues, profitez-en, ou vous le regretterez un jour.

Et si vous avez vécu comme les *montagnards,* vous serez heureux comme eux le jour où vous pourrez de nouveau pousser votre cri de guerre en repartant pour la montagne.

Dans les nivellements de la civilisation, l'esprit est chaque jour plus terre à terre. Tout trappeur, au contraire, est doublé d'un poëte ; il chérit sa montagne, le dit et le fait comprendre.

Cet ours n'est pas mis à la mode du jour, ce qui n'empêche pas qu'il serait assuré d'un joli succès à un bal costumé. Cet ours a l'aspect plus pittoresque que les Écossais des Highlands, si énergiques et si braves malgré leurs jupons ; plus dramatique que celui des Tyroliens à l'*alpenstock* solide, si crânes, si agiles, si forts, si beaux. Il a moins de recherche dans sa toilette. Son costume caractéristique n'en frappe que davantage.

Le Highlander se pare d'une toque aux couleurs de son clan, et y enchâsse la grosse pierre jaune qu'il appelle *clairngorm ;* le Tyrolien a le chapeau pointu orné d'une queue d'*averhahn*; le coureur des bois se coiffe d'un sombrero grand comme un parasol chinois.

Il est chevelu ainsi que l'étaient les rois mérovingiens, d'après la légende.

Il porte une robe de buffle, c'est-à-dire un *complet* de peaux de bêtes. Ces peaux, préparées à l'indienne, sont souples comme des gants de Suède; ordinairement, elles sont brodées avec des soies de porc-épic et garnies de fourrures de castor, ou simplement terminées par des franges. Sur la poitrine, la tunique reste entr'ouverte. Sur l'épaule gauche est enroulé le lasso, d'une vingtaine de pieds de long. A la ceinture sont accrochés le revolver, le couteau de chasse et la coupe d'étain. Aux pieds chaussés de mocassins résonnent les clochettes d'acier des éperons mexicains.

L'homme que je fais poser ici n'est pas un brigand. Gardez-vous de le comparer à ces malandrins de Sicile dont les exploits tien-

nent du roman. Tout en lui est simple et naïf;
il ne promet que ce qu'il veut tenir, il sera
« jusqu'à la mort » sûr dans son amitié,
implacable dans ses haines. C'est presque un
chevalier du moyen age.

Il a la passion du mouvement, des aventures et du danger. Par-dessus tout, il aime
à se trouver en face de la nature vierge. Il
est homme à rester toute une année dans la
vie sauvage, sans rencontrer âme qui vive.
Il est le roi des solitudes, et cependant se
sent bien peu de chose au milieu des scènes
fantastiques qui se renouvellent constamment autour de lui.

Quel cadre sans pareil que ces Montagnes
Rocheuses aux crêtes blanches, aux pitons
aigus, aux *cañons* ou défilés saisissants
d'imprévu, aux immenses bois noirs à force
d'être verts, aux plateaux d'aspects variés
comme la mer, et comme elle tour à tour
riants ou désolés; ces Montagnes Rocheuses

où tout respire l'indépendance, où rien ne gâte la nature telle qu'elle est sortie des mains du Créateur ! Enfoncé dans les profondeurs de ces forêts, le trappeur tend l'oreille à tous les bruits : il écoute le torrent gronder, le vent se plaindre, les oiseaux chanter ; il écoute ce que Joseph Autran appelait

> Ces mille bruits confus, mystérieux, furtifs,
> Qui, dans l'éther sans borne où l'esprit se balance,
> Ne font, tous réunis, qu'un suprême silence !

Le trappeur est poëte sans le savoir. Au grand ébahissement des citadins, — ces élèves de Panurge, — qui dansent mieux que lui, il ne se fera pas faute d'avouer le plus ingénument du monde son faible pour la rêverie, sa prédilection pour les promenades solitaires. Il n'en est pas moins homme et brave pour cela. Le scepticisme est bon pour les désabusés : c'est un aveu d'infériorité. En Amérique, il y aussi dans les forêts un oiseau qu'on appelle l'oiseau moqueur. Sans talent, sans originalité, mais non sans insolence, le *moqueur* dénigre et nargue ce qu'il ne comprend pas. D'aucuns le mettent en parallèle avec le rossignol; ce n'est pas même un serin. Il ne fait pas taire les autres oiseaux, qui se rient du plagiaire et de ses parodies. Les vrais coureurs de bois font comme les artistes du Bon Dieu. Aucun d'eux ne démentira mon poëte :

> Couché dans l'herbe sèche, au penchant des collines,
> Qui de vous n'a passé de ces heures divines
> A voir les champs, les bois, l'horizon spacieux,
> La beauté de la terre et la splendeur des cieux ?....

Avec un autre poëte de la même famille, avec Victor de Laprade, il s'écrierait volontiers, par la bouche de Psyché :

> Oh ! tout ce que j'entends et tout ce que je vois,
> Oiseaux, sources, forêts, mystérieuses voix,
> Oh ! dites-moi son nom, parlez-moi de mon maître !

Il est vrai que le coureur des bois ne parle point le langage des Muses, mais je n'en ai

pas rencontré un seul qui ne m'ait charmé
par les impressions puissantes recueillies
dans sa vie d'anachorète. Sous les ogives
moussues des forêts vierges, le trappeur
hume la résine enivrante ; il contemple, humilié, les éboulements de pierres énormes dont
le désordre l'émeut, il assiste au lever d'un
soleil sans nuages, il se sent désarmé devant
la tempête, les inondations, les éclats de la
foudre.

Tout ce qu'il voit, tout ce qu'il entend,
tout ce qu'il touche, toute l'harmonie de la
nature l'entoure et le pénètre du même sentiment : il n'est qu'un petit personnage dans
ce merveilleux chef-d'œuvre.

Oh! les douces émotions! Les excellents
souvenirs que l'on conserve pour toute sa
vie! Le sentiment du beau se développe au
milieu de ces rocs abrupts aux tons plus
chauds les uns que les autres, dans ces solitudes des bois discrets où la lumière filtre et

s'accroche malgré tout, dans l'immensité des prairies où la vue humaine s'étend à des distances qui méprennent.

Et l'homme est seul. Là, pas d'auxiliaires. Pour lutter contre l'instinct du fauve, l'homme compte sur son intelligence. Cette lutte de tous les jours est sa passion.

Dans ce coin perdu où il s'est reposé sur la lisière de la forêt, le trappeur cause avec sa carabine. Qu'il soit à pied ou à cheval, elle ne le quitte jamais. Elle porte un nom, nom de femme ou nom de guerre, souvenir tendre ou prétentieux : *Paquita* ou *Jenny, Tueur de cerfs* ou *Droit de conquête*.

« Te souviens-tu, dit-il, ma chère Paquita, te souviens-tu, niña, de ce soir où tu m'as sauvé quand j'allais périr de faim, de ce jour de déveine où l'ours gris faillit être le plus fort, de cet autre jour où tu défendis ma chevelure contre toute une bande d'Indiens? Depuis le temps que nous courons ensemble,

que de beaux coups! que de croix d'honneur
incrustées dans ta crosse! celle-ci, ma première entaille, pour le premier cerf tué, —
la crosse était neuve alors! — celle-là pour
mon centième. Celle-ci pour le castor, celle-
là pour le mouflon, cette autre pour l'ours
gris, cette autre encore pour le chef indien...
Douce union que la nôtre, ô ma Linda!
Union fidèle, union que la mort seule peut
défaire... »

Et le coureur des bois reste rêveur, sans
poursuivre sa ballade. Il sifflote entre les
dents son air de bravoure, « la Paloma »,
cette mélodie populaire au Mexique, dans
laquelle revient sans cesse la même phrase
cadencée rappelant les chants des nègres.

Et tout à coup il redresse la tête et fixe
dans la vallée un point lointain qui lui semble
remuer. Dans cet air diaphane comme il n'y
en a nulle part, l'œil a une acuité, une péné-
tration incroyables. Souvent il grossit les

objets : un chien de prairie a l'apparence d'une antilope, un morceau de bois mort prend les proportions d'un ours. Mais le chasseur est expérimenté. Ce n'est pas une illusion d'optique; ce qu'il a vu, c'est une harde de cerfs de Virginie. Sûr de son fait, il s'aplatit sur le sol, et attend que les cerfs prennent confiance. Tout à l'heure il va ramper vers eux. Ramper, rester immobile quand une branche sèche a craqué, quand une pierre a roulé; ramper encore, approcher lentement le grand gibier, c'est là la vraie chasse. On ne connait que la poursuite aux Montagnes Rocheuses. En hiver seulement, on tend des piéges, on creuse des trappes.

Si le cerf n'a été que blessé, le chasseur épiera avec soin la direction prise par lui pour rentrer sous le couvert; il ne cherchera pas à le rejoindre. Si pourtant il a des raisons de le croire touché à mort, il attendra quelque temps, une heure peut-être, puis suivra la piste. Presque toujours, le cerf se sera couché non loin de sa rentrée au bois ou, si le ruisseau est proche, aura couru tout droit prendre un bain. C'est là que, mourant, tremblant la fièvre, incapable de se remettre sur ses jambes, il sera achevé d'une balle ou d'un coup de couteau.

Le chasseur alors s'emparera du meilleur morceau, le râble ou un cuissot, ce qu'il peut porter jusqu'au bivac, et n'oubliera pas de couvrir de branchages les restes de la bête, dans l'espoir que les loups n'oseront s'en approcher.

Dans les montagnes, l'ordinaire du chasseur se compose de viande de cerf. Il en est de plusieurs espèces différentes, toutes assez nombreuses quand on se rapproche des *territoires de guerre* des Peaux-Rouges.

En une seule expédition, pendant deux mois d'été, j'ai eu l'occasion de chasser le cerf de Virginie, le cerf à queue noire et —

de loin — l'élan ou wapiti. Il est à noter que l'été est la plus mauvaise saison, puisqu'alors le cerf fuit les « parcs », ces vallées tantôt boisées et tantôt couvertes d'herbes, pour remonter plus au nord, à des altitudes où le sauvage seul va le chercher. A cette saison, tous les cerfs étaient roux; leurs bois étaient *en velours*. Nous les rencontrions le plus souvent auprès des rivières et des sources salées, principalement au lever du soleil.

Les plus belles chasses se font à la chute des feuilles, à ce moment de l'année dont raffolent les mélancoliques jeunes Américaines, et qu'elles ont baptisé l'*été indien :* l'été indien correspond à notre été de la Saint-Martin. Alors une transformation s'opère chez le cerf commun : son pelage passe au gris, ses bois s'étendent comme ceux du daim, son proche parent.

« Le cerf d'Amérique est un animal précieux, dit le capitaine Mayne-Reid. C'est lui qui fournit en grande partie les peaux appelées peaux de daim, universellement employées dans le commerce, et son bois sert à un grand nombre d'usages. Sa chair, servie sur la table du riche, a, pendant des siècles, été presque la seule nourriture des Indiens; c'est avec la peau de ce quadrupède qu'ils fabriquaient leurs tentes, leurs lits et leurs habits; ses intestins leur fournissaient des cordes pour leurs arcs, des volants pour jouer à la balle, et les raquettes qui sont leurs chaussures d'hiver. La chasse de cet animal était aussi leur occupation principale et leur amusement favori.

« Entourée d'ennemis aussi acharnés, on a lieu d'être étonné que cette race d'animaux n'ait pas été entièrement détruite depuis bien longtemps; car l'homme n'est pas le seul qui l'ait poursuivie avec une ardeur sans relâche; elle a encore bien d'autres ennemis, le couguard, le lynx, le wolvereine et surtout les loups-coyotes.

« Ce dernier est le plus terrible de tous. Les chasseurs prétendent que tandis qu'eux tuent un cerf, les loups en détruisent cinq. Ceux qu'ils attaquent sont ordinairement les plus jeunes et les plus faibles. Les vieux cerfs peuvent leur échapper par la vitesse de leur course; mais dans les districts reculés, où les loups sont en grand nombre, ils se réunissent souvent huit ou dix et poursuivent le gibier, comme le ferait une meute de chiens, en poussant même une espèce de cri qui ressemble beaucoup aux aboiements des limiers. Les loups suivent le cerf à la piste, et, à moins que la bête ne rencontre de l'eau et ne leur échappe par ce moyen, ils finissent toujours par la forcer.

« Bien souvent, en hiver, le cerf, ainsi poursuivi, se précipite sur la glace, où bientôt il devient la proie de ses ennemis affamés. »

A mon avis, les chasseurs des montagnes montrent une indulgence beaucoup trop. grande pour ces braconniers. Ils croiraient faire déroger leur carabine en adressant une balle à un coyote. A l'exemple de l'Arabe vis-à-vis de l'hyène ou même du *seigneur à la grosse tête,* ils se contentent de le traiter de lâche. C'est au point que je me suis trouvé en butte à bien des plaisanteries pour m'être un jour mis à l'affût d'une de ces *vermines,* comme on dit dans les salons du Far-West. Quel *borderer* enverrait une balle au loup? Toutefois le respect humain n'aurait pas suffi à m'interdire un tête-à-tête que je supposais devoir être agréable pour l'Européen novice à cette chasse. Nous avions, en outre, me disait-on, tout intérêt à ménager le coyote. Il ne serait ni plus ni moins que le gardien de l'homme blanc. Lorsque les coyotes hurlent toute une nuit autour d'un camp, aucune surprise n'est à craindre de la part des Indiens.

Ceci est un préjugé. Après une nuit plu-
vieuse où nous étions sans feu, je fis con-
stater les traces d'un loup de prairie sur le
sable, à deux pas, tout au plus, de l'endroit où j'avais dormi. Que l'on m'explique
une pareille impudence! Comment ce loup
ferait-il moins bon ménage avec l'homme
des prairies, avec l'Indien, qu'avec l'homme
blanc, l'inconnu? Est-ce qu'il ne pardonne-
rait pas à l'Indien d'avoir asservi quelques
individus de sa race?... Du moins les chiens
indiens que j'ai vus ressemblaient terrible-
ment aux coyotes.

De bien vilaines bêtes, ces coyotes! Un
composé du chacal d'Afrique, du loup et du
renard d'Europe, avec tous les défauts réunis. On ne sait où se cachent ces *vermines*
pendant le jour. Dès qu'il y a un festin à
faire, elles sont là, accourant de tous côtés.
Un coquin de grand loup gris me fit un jour
retrouver mon cheval, perdu et blessé, — et

je n'ai pas tiré, pour ne pas effrayer le cheval... Que de chasseurs n'ont été certains d'avoir touché un cerf ou une antilope qu'en entendant les abois de la meute infernale se précipitant à la curée!

Il est rare que les épouvantails imaginés par le chasseur préservent ce qu'il n'a pu emporter de sa chasse. Dépecer un grand animal prend du temps, et suspendre à des branches les quartiers de venaison ne les garantit, en somme, que de l'atteinte des seuls loups.

Il y a une prodigieuse quantité d'oiseaux de proie, diurnes et nocturnes, aux Montagnes Rocheuses. Les chasseurs n'en ont cure. Armés comme ils sont de rifles, ils n'en occiraient guère ainsi. Par honnête distraction et pour supprimer la concurrence, ils se passent la fantaisie de les empoisonner pendant les hivers rigoureux. Parfois aussi, au printemps, le trappeur, s'il a connaissance d'un nid d'aigle à tête blanche, cherchera à tuer les parents pour aller ensuite, s'il le peut, prendre vivants dans leur aire les jeunes aiglons. Partout, dans les villes frontières, on exhibe au public l'*oiseau de la liberté*, comme l'emblême de la grande république.

De tous les parasites qui vivent aux crochets du chasseur, il en est un que je ne peux oublier, malgré sa petite taille : c'est le *voleur du camp*. Celui-là est le compagnon inséparable et l'ami du chasseur. Le cheval est à peine dessellé, le feu n'est pas encore allumé, qu'il apparaît, réclamant les miettes du repas. Je l'ai pris au trébuchet; relâché, l'insouciant revenait, cinq minutes après, se reprendre. Je l'ai vu me suivre de branche en branche dans des bois brûlés où il n'espérait que de ma main sa nourriture. C'est un oiseau assez laid, de nuance cendrée, de la famille des geais, et son cri de bienvenue est aigre et gouailleur.

On assure, et je n'affirme pas le fait, que le *voleur du camp* mérite quelques petites attentions et témoigne à l'homme sa reconnaissance en faisant la guerre aux moustiques et aux taons.

Hou! Vingt de ces oiseaux familiers ne suffiraient pas à défendre un homme. Auprès de toutes les rivières, sur le versant de l'Océan Pacifique, taons et moustïques sont voraces autant qu'innombrables. Les attaques des taons font cabrer des chevaux insensibles à l'éperon, les morsures des moustiques sont incessantes, agaçantes et plus douloureuses pour l'explorateur débutant que tous les déboires de sa première expédition. S'il n'a pas eu soin de se munir d'un flacon d'arnica comme remède, ou mieux de s'enduire le corps de l'odoriférant *pennyroyal* comme préservatif, il n'aura bientôt plus figure humaine, et je l'engage à ne pas rentrer *en ville* avant l'hiver, pour peu qu'il tienne à ses avantages physiques.

L'homme a d'autres amis encore : les couples de tourterelles, les grands vols d'étourneaux, l'écureuil aux multiples variétés, et surtout le chien de prairie. Dans une longue journée de marche par un soleil de feu, lorsqu'on se décourage de ne pas rencontrer un massif boisé, une oasis, une *île*, comme disent les vieux trappeurs, lorsqu'on est harcelé par les insectes, fatigué d'écraser la tête à tous les serpents qu'on rencontre, oh ! que les nerfs et l'esprit se détendent en contemplant les ébats joyeux de ces jolis animaux ! A demi écureuils, à demi lapins, avec la tournure des petits cochons d'Inde, ils sont bien la pétulance incarnée. Au premier abord, ils intéressent médiocrement : ils s'empressent un peu trop de plonger au fond de leurs terriers.

Chut ! Attendez. La curiosité l'emporte; ils mettent le nez au soupirail. Puis l'un d'eux se risque, et toute la tribu ne tarde pas à revenir au jour. Les jeux interrompus reprennent bien vite. On se taquine, on se lutine, on se fait des pieds de nez; on se tient debout comme l'homme que voilà. Ces petits fripons ne songent qu'à jouer des farces.

Rien n'est plus animé que cette prairie quand on l'examine de près à certains instants de la journée. Elle paraît morne et revêche; c'est un masque : les chiens de prairie la font sourire par leurs habits gris rougeâtre, par leurs jappements, leur gaieté constamment en éveil, leurs gestes si naturellement gracieux.

Ce sont de joyeux compagnons. Leur hospitalité est proverbiale, et les hiboux comme les serpents à sonnettes demandent souvent à la partager. Ils n'ont que deux défauts : ce sont des rongeurs, et leur manie de se creuser des cités bouleverse le sol et fait trébucher tous ceux qui ne regardent pas à

leurs pieds. Leur chair est rance, par conséquent immangeable. Pour toutes ces raisons, il est peu probable qu'on en tente
jamais l'acclimatation en Europe. C'est dommage. Tout le monde s'amuserait de voir et
d'entendre le *wish-ton-wish*, ainsi que les
Indiens l'appellent par onomatopée.

Le *wish-ton-wish* se trouve partout, sauf
dans les prairies de sauge imprégnées d'alcali. Dans ces landes, le sol est stérilisé par
le sel de soude. Là, aucune végétation, si ce
n'est la sauge arborescente, et, de loin en
loin, sur les monticules, quelque cèdre nain
rabougri. Il n'y pleut presque jamais, et l'eau
fait totalement défaut. C'est une terre de
désolation. Tout y meurt.

Ne cherchez pas le buffle ni l'antilope
dans ces régions. Un jour cependant j'ai vu
une antilope dans la plaine de sauge, et dans
des circonstances assez bizarres pour me permettre un petit crochet.

C'était un peu avant le fort Bridger, entre Bitter Creek, — le ruisseau amer, — et la Green River, cette rivière qui est la première à apporter ses eaux à l'océan Pacifique, en se déversant dans la Grand River, nom que porte à son origine le Colorado, le beau fleuve qui se jette dans le golfe de Californie. J'étais, ce jour-là, un des voyageurs de l'U. P.(Union Pacific), celui des tronçons du chemin de fer transcontinental qui mène d'Omaha à Ogden, endroit où il se soude au C. P. (Central Pacific).

Les quarante-huit heures d'Omaha à Ogden paraissent moins dures que les trente-six heures entre Washington et Saint-Louis, par exemple : si l'on va lentement, au moins on n'a pas à subir un insupportable mouvement de lacet. Le spectacle de cette immensité nue, sans un arbre, tachetée de noir par les anciens feux de camps éteints, et toute bosselée par les pyramides de gravier élevées par les fourmis jusqu'à près d'un mètre du sol, ce spectacle peu varié m'intéressait profondément. Mes souvenirs me reportaient à quelques semaines de là, plus accidentées que celle-ci, où j'avais erré à l'aventure sous ce même ciel d'un bleu intense, où j'avais respiré ce même air sec et léger, fortifiant et pur.

Au programme de la journée il y avait une foule d'attractions. Nous devions rencontrer le train venant de San-Francisco : événement semblable à celui de la vue d'un steamer en pleine mer. Il est d'usage que les deux trains s'arrêtent; et l'on ne se contente pas d'échanger des signaux et des saluts, mais encore ses journaux... Avant cela, on devait faire halte pour déjeuner de bon matin à Green River, petit village exclusivement habité par des Chinois. Les guides illustrés achetés dans le train me promettaient à la *Maison du désert* — ainsi s'intitulait le

restaurant de la station — la vue de plu
sieurs lions de montagne ou *pumas,* plus
près du tigre que du lion, ainsi que d'une
collection superbe de grands animaux empaillés : bisons, mouflons, élans et cerfs de
Virginie.

C'était toujours penser à la chasse que
d'admirer des trophées de chasse. Cependant,
dans ce moment-là, j'avais bien plus grande
hâte de voir les *bluffs* au lever du soleil.

J'eus ce plaisir. Il me semblait que je sortais d'un songe. Dans un jour encore incer-
tain défilaient devant moi des châteaux forts
ruinés dont les pans de murs étaient à moitié
écroulés, à moitié cachés sous une sombre
végétation. La fée des voyages m'avait subitement transporté sur les bords du Rhin.
Elle me promenait un peu partout à la fois.
J'étais émerveillé. Il passait des tours et des
colonnes, des remparts démantelés, des ponts
écroulés, des cathédrales du bon vieux

temps, des piliers de temples grecs, des monuments égyptiens étrangement bariolés de rouge et de violet par le soleil levant. Toutes les architectures étaient là réunies. Du haut de l'escalier de mon *car* j'assistais au spectacle le plus étonnant, le plus merveilleux, le plus fantastique.

Mon voisin de section, Américain américanisant, un personnage qui se donnait comme savant, était venu me rejoindre sur la plate-forme.

— De curieuses formations de pierres! *I guess,* ponctua-t-il en enfouissant la moitié d'un gros cigare dans sa bouche. Les monticules que vous voyez sont formés de pierres de sable rouge, de grès tendre, de silex agglomérés qui s'éboulent et s'effritent sous les intempéries. Ils ont l'air de champignons, n'est-ce pas? Eh bien! les champignons pourrissent. C'est la même chose : les *bluffs* s'émiettent.

— Ah! c'est sans doute pour cela que je n'y lis pas de réclames? Si ces *champignons* tenaient ensemble, on y aurait inscrit, en lettres gigantesques, le mot *Sozodont* ou *Gargling oil...*

— Vous avez raison, *mister*. La réclame est la lèpre qui s'attache à la géologie. On ne respecte rien... Mais ici, c'est un cabinet d'études pour nous. On a fait des fouilles : c'est riche, très-riche! Des fossiles, monsieur, des pétrifications, des impressions de fougères, de poissons, de tortues, etc... On croit à la présence de nombreux minéraux. Notre locomotive va brûler tout à l'heure de la houille du pays : cette houille est *ligneuse;* elle ne vaut pas l'anthracite. Il y a des pierres précieuses aussi à ramasser, des agates mousseuses surtout... Non loin d'ici, vous trouveriez des lacs de soda. Vous n'ignorez pas quelle consommation de *soda-water* nous faisons, nous qui sommes presque tous dyspeptiques... Et maintenant, monsieur, voyez la puissance de l'eau; c'est elle qui fait tout. Ces grotesques figures que vous admirez, ces roches grises ou brunes, cimentées plus ou moins par des couches crayeuses horizontales, c'est elle qui les a ciselées; elle va les laver encore et les miner, et puis la gelée l'aidera à jeter tout par terre. Tout se désagrége par l'eau. L'eau est le plus fort des éléments. C'est aussi, après l'air, celui qui est le plus nécessaire. « Quand le puits est sec, a dit Franklin, on connaît la valeur de l'eau... » Je vous déclarerai, monsieur, que, par des irrigations bien conduites, on arrivera à cultiver ce pays, comme l'ont fait près du Lac Salé ces Mormons du diable. On cultive déjà la pomme de terre. Vous verrez qu'on mettra des moutons ici, puisqu'il y a bien des antilopes, et que leur nourriture est la même. La science découvre tout, dans ces temps-ci... Mais disons adieu à tous ces débris. *Have a drink, sir?*

Ce pédant me gâtait tout mon plaisir. C'est ennuyeux en voyage d'être trop instruit. Je déteste les guides.

Il aurait été contraire aux lois de la bienséance américaine de refuser le *cock-tail* que mon homme allait me préparer scientifiquement, si, par bonheur, la locomotive ne s'était mise à siffler avec persistance.

Il n'était guère probable, dans ce désert roulant, qu'il y eût sur la voie un troupeau de bœufs endormis, ainsi que cela arrive fréquemment dans les districts habités, et nous nous penchâmes tous deux, le savant et moi, pour voir ce qui préoccupait le machiniste.

Quelle ne fut pas ma surprise de voir que nous poursuivions une antilope! La pauvre bête se croyait chassée et courait droit devant elle, à côté de la ligne. Nous lui dûmes de marcher un instant à toute vapeur. Malgré des foulées dignes d'un cheval de pur sang, la vaillante bête fut bientôt dépassée et continua à courir affolée, perdant du terrain, à trente mètres de nous. Le savant et moi nous avions pris nos revolvers et nous nous amusions à tirer sur elle toutes nos cartouches. Aucune ne l'atteignit, mais ce fut assez pour lui faire comprendre d'où venait le danger. Brusquement, elle tourna à angle droit et s'enfonça dans le désert.

Dans mes deux traversées du continent en chemin de fer, ce fut la seule pièce de gros gibier que j'aie eu l'occasion d'apercevoir. Il n'y a pas à le cacher, les nombreux troupeaux de buffles vivent sur leur réputation, et, en dépit des prophéties, on n'en voit jamais un seul.

Une gravure populaire dans les *Cités des plaines* représente une chasse du même genre que celle à laquelle j'assistai, mais bien autrement émouvante.

On sait que les voitures du railway américain sont construites de façon à pouvoir suivre les courbes les plus invraisemblables. L'art de l'ingénieur n'a rien à voir avec celui du paysagiste; par conséquent il s'est peu préoccupé de laisser aux voyageurs des échappées sur les Montagnes Rocheuses. Il s'agissait de faire vite et au meilleur compte possible. Des tranchées, sans tunnels, ont abattu les flancs des montagnes pour laisser passer le chemin de fer. Plus tard on s'est aperçu de l'inconvénient de ces dispositions. Pour remédier à l'obstruction de la voie par suite des avalanches ou des amoncellements de neige causés par le vent, on ne connaissait encore que les *snow-ploughs*, ces formidables coins de bois poussés par plusieurs locomotives. La compagnie concessionnaire a fini par trouver ce moyen dispendieux, outre qu'il enrayait le service. Elle s'est décidée alors à encapuchonner la voie sous des abris en bois assez semblables à la carapace

d'une tortue. Depuis lors, on monte sans
s'en apercevoir autrement que par les arrêts
ou même les reculs du train, quand la locomotive manque de souffle ou d'élan.

On raconte au fort Laramie, — et c'est le
sujet de la gravure, — que dans les premiers
temps de la construction de la voie, trois
antilopes, curieuses comme elles le sont
toujours, s'étaient imprudemment engagées à
l'entrée d'un de ces hangars au moment
même où arrivait derrière elles un train descendant une forte rampe. Le machiniste s'en
aperçut et força de vapeur pour son amusement personnel. De leur côté, les antilopes
prirent leurs jambes à leur cou et se mirent
à galoper d'un train d'enfer. Cette chasse
dura trois milles. La locomotive soufflait au
poil des antilopes; elles allaient être forcées.
Soudain le mâle vit le jour par un trou entre
les poutres. Il n'hésita pas et se lança déses-
pérément au travers, entraînant après lui

ses deux femelles dans le gouffre inson-
dable.

Elles avaient raison, ces filles du désert. Plus heureux qu'elles, nous fuirons
aussi le chemin de fer pour rentrer dans
les Prairies. Nous tâcherons de ne plus
tomber en route. La digression aura eu cela
de bon qu'elle nous aura permis de jeter un
coup d'œil sur la géologie des plaines.

De ce que j'ai dit de la *prairie de sauge*
il ne faudrait pas inférer qu'elle est veuve de
tout habitant. Dans ces buissons gris enche-
vêtrés où la marche est fort difficile, il y a,
par contre, de beaux coups de fusil à faire
pour le chasseur qui possède une arme à
canons lisses et a pu se procurer du plomb
de chasse. Je ne parle pas des *Jack rabbits,*
espèce de lièvres à poils de lapin dont la chair
détestable a toute l'amertume de la sauge
sauvage. Je ne conseillerais pas non plus de
s'amuser à tuer des *mouffettes,* putois bruns

tigrés de blanc et de la grosseur d'un chat;
ces animaux ont la spécialité des putois, et
au plus haut degré.

L'armoise ou sauge sauvage nourrit aussi
les poules de sauge. Sous ce nom, les Américains désignent le plus grand de tous les
coqs de bruyère (*tetrao urophasianus*).

Que l'on s'imagine cet oiseau partant,
au moment où l'on s'y attend le moins, en
frappant l'air de ses grandes ailes avec un
tapage de grosse caisse, et l'on aura une idée
de ce qu'éprouve le chasseur auquel échoit
cette bonne aubaine. Son arme ne lui tient
plus dans les mains, et souvent il laissera,
stupéfait, le coq s'éloigner hors de portée
avant de songer à le tirer. Il arrive qu'une
compagnie entière de poules de sauge se
lève à la fois : malgré le choix qui s'offre et
l'énormité de ces oiseaux qu'on croirait ne
pas pouvoir manquer, le cœur bat toujours
un peu au débutant et déroute la justesse de

coup d'œil qu'il peut avoir. J'ai eu la chance fort rare de tuer une vingtaine de poules de sauge, et je dois convenir que j'avais encore, à la vingtième, l'émotion *inséparable du premier début*.

Pour l'enfant perdu de la civilisation que sa vocation tourne vers la Prairie, il a pu se distraire à tuer des poules de sauge au Colorado, comme dans le Missouri il tirerait des dindons sauvages, ou dans l'Iowa des poules de prairie; mais au fond il s'en soucie comme de faire la guerre aux canards sur les rivières : tout ce qui est gibier-plume ne lui dit rien, c'est un tireur à balle. Soyez sûr que cet homme est anxieux de sortir du *désert roulant* où son cheval ne trouve rien à se mettre sous la dent, où lui-même n'a jamais d'objectif sérieux pour son rifle.

Elle est particulièrement éblouissante à la vue, cette blancheur du sol que tamisent à peine les plantes pâles d'armoise et d'artémise.

Aussi loin que l'on peut voir, le désert, rien que le désert. C'est une circonférence dont l'homme est le centre.

Sans boussole, aucun trappeur ne voudrait s'avancer au désert. Sans boussole, il est vite perdu. Alors cet indomptable sera dompté. Le plus brave a peur. Un cheval auquel on met la bride sur le cou revient sur ses pas ou bien est guidé par son instinct vers la source la plus voisine. Un homme est plus malheureux.

Il suit, comme il peut, les vagues indications d'un ancien sentier indien. Il cherche à l'horizon s'il n'aperçoit pas un arbre ou une colonne de fumée. Au milieu d'un silence de mort qui l'oppresse corps et âme, il se trouve bien abandonné. Oh! qu'il est à plaindre s'il n'est pas chrétien!

Ses pensées se troublent et se reportent vers ceux qu'il a connus; il murmure doucement : *Home! sweet home!* La nostalgie l'a saisi. Il voudrait être loin de la prairie, fût-ce dans la *Terre maudite,* et que ce soit plus tôt fini. Il lui vient des comparaisons avec les animaux qu'il a pris aux piéges, et, comme font tous ceux que le désespoir envahit, il se couche.

Des cris de corbeaux le réveillent de sa torpeur. Trop pressés, les oiseaux de malheur!... Il est debout. Il a fait le sacrifice de sa vie, mais ne renonce pas à la lutte. Son regard fébrile interroge encore une fois la prairie, et soudain il croit voir se dessiner des collines où poudroie le soleil, il distingue de l'herbe et des arbres baignant dans un lac aux reflets d'argent. O joie de vivre! La force est revenue. Nerveusement le trappeur reprend sa marche.

Va donc, pauvre Juif errant! Marche! marche! Le lac s'éloigne, plus petit, plus terne. Marche! Les collines se rapprochent. Marche!

Elles se rapprochent encore. Elles s'arrêtent. Elles pirouettent.

Malheureux! Arrête-toi aussi. Écarte-toi
de leur chemin. Ce sont des tourbillons de
sable. Les vois-tu? Sans qu'un souffle d'air
passe sur ton front brûlant, les tourbillons
se déplacent brusquement, ils jouent, ils con-
tinuent leur ronde échevelée en se gonflant
de tout ce qui se trouve sur leur passage.

Ne cherche plus ton lac : c'était l'effet
d'un mirage, comme celui qui fait passer en
pleine mer, sous le regard ahuri du passager,
tout un rideau de côtes verdoyantes ou la
photographie d'un navire renversé la quille
en l'air, là où en réalité il n'y a rien.

Malheur! d'où viendrait maintenant le sa-
lut? Où est la bonne étoile? C'en est trop!
Plusieurs, et des plus vieux coureurs de bois,
blanchis sous le harnais de chasse, n'ont pu
résister à ces poignantes angoisses. Ils sont
devenus fous.

Un des chefs de l'armée américaine, qui n'est pas le premier venu en fait de courage personnel, me disait ceci : « Aux prairies, trois choses sont à craindre : le serpent à sonnettes, l'ours gris et le désert. Ces trois ennemis, fuyez-les; il n'y a pas de lâcheté à cela. »

Le désert est le plus dangereux des trois, mais il ne viendra pas à vous, et il est facile de ne pas aller à lui. Ce n'est pas à dire que les deux autres recherchent l'homme. Je ne crois pas qu'il y ait une seule bête dans la création qui ne cède le pas à l'homme quand elle le rencontre, à moins qu'elle ne soit pressée par une faim très-grande, circonstance qui la rend inconsciente ou lui enlève toute préméditation.

Le serpent lui-même, le plus vil et le plus traître des animaux :

> Cet animal n'est pas méchant;
> Quand on l'attaque, il se défend...

Il suffit de ne pas mettre le pied dessus. S'il est écrasé, c'est fort bien; mais s'il vous pique, — et le dard du crotale ou du mocassin traverse le cuir le plus épais, — dans ce cas, c'est la mort. Jusqu'ici le seul remède connu, pour les bêtes comme pour les gens, est le whisky, *l'eau de feu,* bue immédiatement et jusqu'à ivresse confirmée. Heureux ivrognes!

L'ours gris est un autre gaillard. C'est le souverain incontesté des Montagnes Rocheuses. Il déteste également le Peau-Rouge et l'Oncle Sam : ce sont deux intrus pour lui. Si vous le manquez, lui ne vous manquera pas. C'est de lui surtout qu'il ne faut pas vendre la peau avant de l'avoir mis par terre. Terrible entre tous les carnassiers, il court presque aussi vite qu'un cheval. Heureusement il ne grimpe pas aux arbres, ou il y grimpe avec peine.

« Il n'y a pas au monde, dit Mayne-Reid dans ses *Forêts vierges,* un chasseur assez

hardi pour oser, étant à pied, attaquer cet
animal ; et, même à cheval et armés de leurs
fidèles carabines, les plus aventureux ne s'y
hasardent que lorsqu'ils ont devant eux un
terrain plat, qui leur permet d'avoir recours
au besoin à la vitesse de leur monture.....
Il est arrivé plus d'une fois à des chasseurs
réunis en troupe nombreuse d'être poursui-
vis par un seul ours gris, après avoir dé-
chargé toutes leurs armes sur lui ; car on peut
loger une vingtaine de balles dans le corps
de ce monstrueux carnivore sans parvenir à
l'abattre. »

Une foule d'histoires de bivouac qui me
reviennent à l'esprit corroborent de tous
points ce qu'écrivait le brave capitaine. J'en
ai assez parlé ailleurs, dans ma *Vie nomade,*
en racontant comment nous avions adopté
Reine et *Impératrice,* deux oursons grizzlies
qui nous ont donné bien du fil à retordre.
J'ai dit la curiosité des populations à la vue

des enfants du *Vieux Éphraïm*. C'est un vif
regret pour moi de ne pas savoir ce qu'ils
sont devenus. Nous avions laissé tout droit
sur eux à Oregon Bill, le célèbre *scout* qui
nous avait guidés. Oregon Bill est mort depuis, mort au champ d'honneur, scalpé par
les sauvages qui l'avaient surnommé *la Longue
Chevelure;* les journaux ont raconté qu'il avait
tué sept Indiens avant d'être tué lui-même.

Nos oursons vivent-ils encore? L'un d'eux,
je le sais, avait été cédé à une ménagerie, et
Barnum le promène peut-être actuellement
aux États-Unis, en compagnie de Jumbo,
l'éléphant chéri de Londres. J'ai toujours regretté de ne pas avoir donné Reine et Impératrice au Jardin zoologique d'Anvers. Grâce
à la courtoisie de M. Griscom, de Philadelphie,
j'aurais pu obtenir leur passage gratuit sur
le *Pensylvania railroad* et la *Red star Line*, et
il n'y aurait eu à payer que le voyage de leur
gardien. Malheureusement, ce n'est qu'à

mon retour dans l'Est, bien longtemps après, que nous en avons parlé, et ne sachant point ce que mes ours étaient devenus, je ne pouvais plus dire : « Prenez-les. »

Les trappeurs distinguent différentes espèces d'ours : l'ours gris, l'ours argenté, l'ours brun, l'ours cannelle et l'ours noir. Les naturalistes, qui cataloguent fort bien ce qu'ils n'ont pas vu et font tirer les marrons du feu par d'autres (ce dont je suis loin de les désapprouver), ont ramené à deux ces différentes catégories. Il n'y aurait donc que l'ours gris ou *terribilis*, et l'ours noir ou *Americanus*. Il est certain que le poil d'été ne ressemble guère au poil d'hiver; c'est le cas de la plupart des animaux.

L'ours cannelle suivant l'appellation usitée par les profanes, l'ours noir si l'on préfère, est un grimpeur, ses griffes étant plus courtes que celles du *grizzly*. C'est un grand mangeur de miel, ce qui ne l'empêche pas d'être

omnivore aussi bien que son congénère;
mais, au rebours de l'autre, qui hante de préférence les berges boisées des ruisseaux,
l'ours noir, lui, réside au plus profond
des forêts, et c'est là qu'on le trouve tapi
dans un arbre creux ou dans une caverne.
Vagabond de race, il n'a pas de domicile
particulier et grogne avec le même plaisir sur
tout le continent. Il n'est pas bon non plus
de se laisser embrasser par lui, tout petit
garçon qu'il est à côté du Vieux Éphraïm

Quand on a fait la rencontre d'un ours
noir, on peut être sûr qu'il y a des ruches
d'abeilles dans le voisinage. Le trappeur ne
dédaigne pas le miel. C'est une heureuse di-
version pour son estomac fatigué du régime
autophagique, et pour lequel le luxe suprême est la boisson célébrée par l'abbé De-
lille, *cette liqueur*

Qui manquait à Virgile et qu'adorait Voltaire,

le café, pour l'appeler par son nom. Excitant et fébrifuge à la fois, le café est un sorcier qui soumet toutes les révoltes de l'estomac dans les Prairies.

Pour qui tient à sucrer son café, il n'a qu'à saigner l'écorce de l'érable à sucre.

Il n'y a pas de sot métier pour le montagnard, et, plus ingénieusement que Robinson Crusoé, il sait cuire du pain. La farine lui est fournie par le blé indien ou, à son défaut, par le fruit du pin à pignon qu'il a seulement la peine de broyer. L'écorce du pin rouge bouillie donne aussi un brouet que l'on dit estimable. Le dessert se compose, suivant les saisons, de champignons comestibles ou de baies d'arbrisseaux à la saveur généralement fort astringente.

La pêche n'est pas négligée. Dans la moindre cabane de pionnier, on trouve un carnet où sont classées des mouches artificielles de toutes couleurs et de toutes tailles.

Fréquemment le cheval porte son maître, avec la canne à pêche en travers de la selle, à côté de la carabine, à dix milles du camp, pour une partie de pêche à la truite.

Tous ces extra varient agréablement le menu, qui sans cela ne se composerait guère que de tranches de venaison.

La chair de bison devient de plus en plus rare. L'Indien s'acharne après lui. Les migrations de l'un suivent celles de l'autre. On ne les voit qu'ensemble. Le bison de plaine, le grand buffle dont la silhouette est bien connue, celui-là est trop sociable pour s'aventurer dans les parties boisées. C'est un hôte des plaines. Dans l'Iowa, on peut encore en voir des troupeaux de milliers de têtes.

Un de mes amis auquel je manifestais le désir que j'éprouvais de tuer au moins un de ces gros ruminants, me répondit à peu près textuellement ceci : « C'est un meurtre qu'il convient d'épargner à votre conscience. Vous n'en auriez pas grand honneur. De la façon dont on pratique cette chasse, c'est un sport, rien de plus. Voici comment les choses se passeront : on vous conduira sur un point donné de la Prairie. Vous marcherez une semaine ou davantage dans une *barranca*, ou torrent presque desséché. L'eau à boire sera celle dans laquelle se sont vautrés les buffles; ce que vous brûlerez pour faire votre cuisine sera du *bois de vache*... Au bout d'un temps plus ou moins long, un troupeau sera signalé à la lunette d'approche. Alors, vous piquerez des deux votre monture pour rejoindre le troupeau. Il est indispensable que votre cheval ait déjà été à cette chasse, sinon vous risquez, au moment intéressant, d'être désarçonné et piétiné par les buffles. J'aime à croire que vous avez tous vos apaisements à cet égard, et que vous êtes aussi bon cavalier qu'un *gaucho*. Eh bien, il ne vous reste plus, sitôt le troupeau en vue, qu'à choisir votre victime. Laissez là les veaux, attaquez-vous à une grosse vache ou à un vieux taureau... Au galop! Rapprochez. Tâchez d'arriver à galoper côte à côte avec lui. Il essayera de donner un coup de corne, mais le cheval, qui est le plus menacé, saura bien l'éviter. N'interrompez pas votre course, revenez, appuyez sur votre cuisse un revolver à long canon, visez le buffle comme vous pourrez au défaut de l'épaule, et tirez, tirez des balles jusqu'à ce qu'il tombe mort... Vous en aurez assez après le premier que vous aurez immolé ainsi. Les Anglais sont assez fous de cette chasse, parce que c'est sport; mais ils peuvent se donner le même plaisir chez eux avec les taureaux Durham... Croyez-moi, n'allez pas à la chasse du buffalo. Si vous voulez atteindre une pièce rare, cherchez le castor dans les Montagnes Rocheuses. »

Je crus mon ami sur parole, et je m'arrangeai pour ne pas revenir avant d'avoir tué un castor. Je l'avoue sans détours, j'aurais honte d'en avoir tué deux. Le castor est bien l'animal le plus intéressant, le plus industrieux qu'il soit possible d'étudier. On a beau avoir lu dix descriptions du castor et de sa vie dans les ouvrages de zoologie, la réalité dépasse ce qu'on en attend.

Devant mes yeux est encore tout le village des castors, leurs huttes de terre glaise consolidées avec des perches, les barrages de dix pieds de haut qui retenaient l'eau de la rivière, les arbres de la grosseur d'un homme sciés par leurs dents, les chaussées qu'ils pavent de cailloux et qui aboutissent à la rivière en face de chaque hutte. Ces animaux en remontreraient à notre corps des ponts et chaussées. Ce sont de véritables ingénieurs; ils ont la science infuse, et le Créateur les a munis de tout ce qui est nécessaire à leur métier.

Certes, ils seraient dignes de devenir les commensaux de l'homme et ses aides dans les travaux d'irrigation. Personne n'y songe. Pourquoi faut-il qu'ils portent sur eux de si riches manteaux? C'est ce qui les perd. La valeur de ces fourrures est cause de la disparition du castor. Bientôt il n'aura plus pour vivre que les solitudes du haut Canada.

D'autres fourrures sont moins rares : les rats musqués, dont la peau rappelle beaucoup celle du castor, et les visons, dont Fenimore Cooper parle si souvent dans ses romans, et qui m'ont paru être une espèce de belettes. De ceux-là je consens à ce qu'on mette la tête à prix, d'autant que, plus petits, ils sont plus prolifiques.

Il est de bonne guerre aussi de détruire le wolverène, ennemi du castor, et le lynx, qui prend là-bas le nom de *chat de montagne;* — en réalité, c'est un chat sauvage aux oreilles droites et pointues. — Ce sont deux carnassiers de la pire espèce.

La chasse de la panthère et du puma donne au trappeur des émotions fortes. Le *grizzly* est le Goliath que ce David ose seul affronter. Il tue aussi des pécaris (porcs espagnols devenus des sangliers), des élans ou wapitis, des mouflons ou *bighorns*. N'ayant vu de près ces animaux que dans des musées d'histoire naturelle, je me contente de la seule nomenclature.

Il est temps de quitter ces trappeurs si calmes et si insouciants, ces montagnards si réservés et si virils, sur l'existence desquels je me suis un peu appesanti, laissant courir ma plume. Les moments durs à passer sont les plus délicieux au souvenir, a dit je ne sais plus quel auteur classique. Maintenant je ne vois plus que le côté charmant. Je revois par la pensée ces plateaux éthérés où voltigent les oiseaux-mouches au corps d'in-

secte et les grands papillons aux ailes d'oiseau, ces plaines où joue le chien de prairie,
où chante l'alouette de blé, où saute l'antilope, ces rivières limpides aux bords couverts d'arbres-coton, ces forêts de conifères
de toute espèce qui sont là chez eux et que
nous trouvons chez nous dans les jardins bo-
taniques, introduits qu'ils ont été il y a quelques années.

Lorsque mon fils sera grand, — il ne peut
manquer d'être chasseur, — je l'enverrai là-
bas. Il dormira dans un excellent hôtel, à la
place même où son père aura dormi à la
belle étoile, roulé dans une couverture indienne, avec la selle de son cheval pour
oreiller. Mais il ira aussi au Far-West, — ce
sera beaucoup plus loin alors, — ressentir
les émotions puissantes que donnent les Montagnes Rocheuses, au lieu de s'étioler dans
l'atmosphère affadie de nos grandes villes.

Pour moi, c'est un adieu définitif que je

dis à cette vie nomade, un adieu sympa-
thique que j'adresse aux trappeurs. Quand
l'un d'eux viendra me conter ses chasses, je
l'accueillerai par l'exclamation irlandaise :
Cead mile failte! « Soyez mille fois le bien-
venu! »

III

MORMONS

A. — SALT LAKE CITY.

Je m'imagine un Européen voulant se faire mormon, et subitement transporté, comme dans les voyages de Jules Verne, par l'*Union Pacific line*, au centre des prairies, entre les villes d'Omaha sur le Missouri et d'Odgen auprès du Lac Salé, en passant du Nebraska à l'Utah par le Wyoming, et je me demande si, à la vue de ces plaines sans fin et sans vie, cet homme ne se croirait pas jeté dans un monde inconnu, distinct du globe terrestre.

— Comment! se dirait-il, c'est à travers ce désert que s'est fait l'exode des Mormons? En ce temps là, — il y a trente ans à peine, — il n'y avait ici de chemin d'aucune espèce; rien n'indiquait que ces plaines désolées dussent jamais finir. Et pendant des mois et des mois ils ont marché sans découragement, conduits par Brigham Young vers une autre Terre Promise... Les femmes et les enfants seuls avaient place dans les charrettes; les hommes étaient à pied. Chassés de leurs possessions de l'Illinois, dépourvus de toutes ressources, ne rencontrant que rarement de l'eau et du gibier pour eux, de l'herbe fraîche pour les animaux, laissant en chemin un grand nombre des leurs que décimaient peu à peu les privations, ils ont fait, sans murmurer, plus d'un millier de milles avant d'apercevoir ce que leur chef disait avoir entrevu dans une révélation : le rocher conique à côté de la mer Morte et, sur les bords du Jourdain, la vallée des Saints où ils devaient bâtir la *Sion des Montagnes...*

Se rendre au Lac Salé n'est plus qu'un jeu maintenant. Déjà la Barrière d'Enfer (*Devil's Gate*) nous ouvre la vallée des Saints. Déjà voici l'arbre (un arbre n'est pas chose commune) qui se trouve juste à mille milles d'Omaha, et vingt-neuf milles plus loin, voici Odgen, une ville d'avenir, à demi-mormonne, point jonction des deux tronçons du chemin de fer transcontinental et de l'*Utah Central Railroad,* embranchement spécial qui mène en deux heures au Lac Salé.

Les monts Wahsatch élevent devant nos yeux leurs grands sommets escarpés que dore le soleil couchant; bientôt le Lac Salé nous apparaît triste, vitreux et comme glacé : c'est bien une mer Morte.

Quand, un beau matin, on se réveille dans une ville inconnue, presque toujours la première impression est celle qui reste. Or, rien n'est plus enchanteur que le premier coup d'œil jeté sur cette Cité du Lac Salé.

Un cirque de montagnes l'entoure comme d'une auréole. Enchâssée comme une émeraude de prix dans cet écrin brillant, la cité est coquettement parée de verdure, de fleurs et de fruits variés. Vue d'une hauteur, elle présente le spectacle le plus riant et le plus pittoresque. Ce ne sont que « cottages », vergers et jardins de fleurs. Pas une maison qui n'ait son parterre et ses pelouses bien tenues. Mille arbres fruitiers, bien venants, plient sous les pommes, poires, prunes, pêches et abricots dont la réputation est égale à celle des fruits de Californie. En plein désert, où rien ne poussait, avoir obtenu un tel résultat, cela fait certainement honneur aux auteurs de cette transformation.

Dans les rues, partout, on a de l'ombre à profusion; ce sont toutes avenues plantées d'acacias, de mûriers ou d'arbres-coton, dont le feuillage, chose étrange, est souvent panaché de vert et de jaune, suivant que les racines ont ou n'ont pas percé les sels alcalins mêlés de soude et de potasse qui imprègnent le sol. Ce sol est continuellement lavé par des torrents d'eau cristalline qui descendent de la montagne et coulent rapides de chaque côté de la rue, ce qui entretient en même temps, dans toute la ville, une fraîcheur délicieuse. Il n'y a pas de pavé :

on n'a pas remué l'excellent gravier de la plaine. Les maisons sont construites, pour la plupart, en adobes ou briques crues, et les quelques maisons de bois qu'on voit encore sont revêtues d'une peinture claire qui leur donne un vernis de propreté fort rare dans l'Ouest.

Ce climat exceptionnel, cette atmosphère transparente dont on ne peut se faire une idée, cette gaieté de l'eau qui court, des fleurs brillantes qui s'étalent partout, tout cela contribue à donner à la ville un cachet à part de fraîcheur, de confort et de repos. Celui à qui l'on doit cette oasis charmante ne peut être qu'un artiste, à moins qu'il ne soit un grand matérialiste.

Les agréments de la ville et de la campagne sont ici réunis. Après avoir jardiné tout le jour, le Mormon se repose le soir au théâtre, au milieu de ses femmes et de ses enfants.

Je ne sais s'il y a des pauvres dans cet
Éden ; je ne le crois pas. D'autres ont cru
voir aux « Saints du dernier jour » une
expression de bestialité, d'hypocrisie et d'é-
goïsme ; j'étais prévenu contre eux, et je dois
dire que, si je n'ai pu trouver de distinction
à ces rudes physionomies, je n'y ai vu qu'un
reflet indéniable d'aisance et de santé.

On voudra bien ne pas m'accuser de plai-
der une cause paradoxale : je reproduis sin-
cèrement mes impressions de voyage. Pour
moi, Salt Lake City est de loin la plus jolie
ville de l'Ouest et celle où le peuple paraît le
moins *rough*, le plus honnête, doux, soumis
à l'autorité. On n'y voit point de police, et la
majorité, — les femmes, — n'y fait pas la
loi. La femme s'occupe de son ménage et ne
se montre pas dans la rue ; le mari vit au
grand air, cultive la terre et élève son bétail.
Je n'exagère pas en disant que les Mormons
sont devenus les premiers agriculteurs du

Nouveau Monde. Toute la vallée est couverte de fermes : dans le pays de la ruche d'abeilles, ainsi que l'avait prétentieusement appelé Brigham Young, cent mille acres sont cultivées actuellement. Dans cette plaine dont l'argile était saturée de potasse, de soude et d'ammoniaque, à la surface de laquelle on pouvait recueillir le sel ou le savon à la pelle, dans ce sol qui paraissait condamné à une éternelle stérilité, l'irrigation a fait l'office du levier d'Archimède. Partout des ruisseaux au cours artificiel arrosent de riches pâturages; on a fait de grands sacrifices pour amener de la montagne une eau pure et abondante, et, comme on sait que les arbres font pleuvoir, on en a beaucoup planté.

Il y a aussi des sources thermales tout près de la ville : elles guérissent de tous les maux, entre autres de la dyspepsie.

Toutes ces eaux se déversent dans un petit lac, le lac Utah, où l'on voit fréquem-

ment de nombreux pélicans nager en rétré-
cissant un cercle de mort pour pêcher
ensuite dans une anse les poissons traqués
de la sorte.

Les eaux du lac Utah se déversent à leur
tour dans le Lac Salé, qui a donné son nom à
la ville, bien qu'il en reste éloigné de vingt
milles. Ses eaux sont si denses, qu'on ne
pourrait s'y noyer; jamais elles n'ont nourri
un seul poisson, jamais un oiseau n'approche
de ses bords arides. Ces eaux n'ont pas d'é-
coulement; c'est un bassin intérieur. Les
Yankees de la Nouvelle-Angleterre prétendent qu'un jour viendra où le Lac Salé abî-
mera la colonie dans ses flots; mais il n'est
pas bien prouvé qu'il s'élève sensiblement
d'année en année. Si les Mormons n'ont pas
d'autre ennemi, ils peuvent dormir tran-
quilles.

A vingt milles derrière nous, dans les
monts Wathsatch qu'il domine, jetons un

regard sur le pic Emma (douze mille pieds de haut), qui renferme la fameuse veine argentifère, une des plus riches du monde. Elle est aux mains de « Gentils », de capitalistes anglais. En Europe, à Londres surtout, la mine Emma a beaucoup fait parler d'elle. On n'a pas oublié le retentissement qu'eut un récent scandale, l'émission frauduleuse de l'*Emma mine Company*, dans laquelle était impliqué un diplomate américain des plus haut placés qui avait fait argent de son titre officiel, de manière à donner confiance aux actionnaires.

Si Brigham Young, en fin politique, n'avait défendu à son peuple de rechercher les métaux précieux qui abondent en Utah (or, argent, fer, cuivre, plomb, et généralement tous les métaux que l'on trouve dans le « Grand Ouest »), beaucoup de personnes autorisées pensent que l'Utah serait maintenant un État minier aussi connu que la Californie. Qui n'a entendu parler de l'El Dorado et de ces antiques villes mexicaines « aux toits d'or et aux portiques de rubis » ? Tout cela, dit-on, était situé auprès du Lac Salé. Je me rappelle avoir lu que des voyageurs y auraient trouvé des vestiges de grandes villes détruites ; mais je suis persuadé que c'est là pur *humbug,* ou que ce que l'on a pris pour des constructions ruinées était tout bonnement un amas de roches friables, minées par les intempéries, et telles qu'on en voit en différents endroits sur la ligne du Pacifique.

Quoi qu'il en soit, l'exploitation des richesses minières est laissée aux « Gentils », ceux des immigrants non mormons apparus avec le chemin de fer et qui, lors de ma visite à la Cité du Lac Salé, le 18 septembre 1876, n'étaient encore que quatre mille, y compris les « apostats », sur une population globale de trente mille âmes.

Tant que les Mormons seront en Utah — et, d'après ce que Brigham Young nous disait lui-même, ils étaient 120,000 au bas mot, — l'industrie fera peu de progrès. C'était le système de l'ex-prophète de ne pas laisser ses fidèles s'enrichir, et, comme la plupart des néophytes se recrutaient dans la plus infime classe de la société, il leur faisait des avances que la dîme, la rareté de la monnaie, la nullité de la demande (là tout est *res nullius* ou à peu près), l'accroissement énorme et onéreux de la famille, les mettaient dans l'impossibilité de rembourser jamais.

Brigham Young exploitait ainsi un peuple de travailleurs. Certains d'être bien traités dans leurs maladies et leur vieillesse par la communauté même, ceux-ci ne cherchaient pas autre chose qu'une bonne existence au jour le jour, utilitaire, consciencieuse à leur point de vue, et presque mahométane, en se disant : « Dieu est Dieu, et Mormon est son prophète. »

On comprend l'indignation des Américains pour l'abominable pratique de la polygamie. Mais depuis qu'ils ont chassé les premiers Mormons de Nauvoo, qu'ils ont fusillé dans sa prison, à Carthage, dans l'Illinois, cet illuminé de Joë Smith, inventeur du mormonisme, ils ont donné à la nouvelle religion ce qui lui manquait, le baptême du sang : par la persécution ils lui ont infusé une séve nouvelle. Les « saints », nourris de textes bibliques, se disent que du sang de leurs martyrs est sortie leur milice, prête à combattre le bon combat et à opposer la force à la force. De fait, cette milice est fortement organisée, fanatique et disciplinée.

Aussi, malgré les hypocrites assauts de l'opinion publique dans l'Est, qui demande l'anéantissement de cette secte infâme, jusqu'ici le gouvernement de Washington n'a pas osé tenter de soumettre les rebelles, et ceux-ci, se gouvernant à leur façon, forment un État dans l'État.

Le gouvernement se contente de surveiller ; il guette le moment propice. Non loin de la ville, accoudé à la montagne dans une position excellente, est le camp Douglas, garnison américaine. C'est pendant la dernière guerre que le général Conor l'a établi, moins pour tenir en respect les Indiens que les Mormons. Le drapeau de l'Union flotte haut et menaçant sur un éperon des monts Wahsatch, un peu au-dessus du Cañon de l'Émigration, par lequel sont arrivés les premiers Mormons.

B. VISITE A BRIGHAM YOUNG

Nous avions pour le « président » Brigham Young une lettre d'introduction du colonel Scott, le directeur, — le « roi », comme on dit là-bas, — du chemin de fer de Pensylvanie.

Nous nous rendîmes directement à la Maison du Lion, habitation fort simple, isolée du commun des fidèles par un mur en terre. Le Prophète n'était pas chez lui, mais un de ses fils nous pria de fixer nous-mêmes l'heure de l'audience.

En attendant cette heure, nous allâmes voir le *Tabernacle*, que les Gentils ont irrévérencieusement nommé la *Tortue*. C'est bien, en effet, quelque chose comme la carapace d'une tortue, que ce monument étrange, supporté par d'innombrables piliers très-bas.

Entre les piliers, tout autour, sont des portes pour permettre aux « saints » de sortir tous ensemble, sans se coudoyer, après les offices. Brigham Young est l'architecte de cette construction, qui, nous a-t-on dit, peut abriter douze mille personnes assises.

Les gradins pour les fidèles sont tournés vers l'orgue sous lequel est la tribune du *preacher*. Ce sont de véritables fauteuils d'orchestre : on y est très-bien assis. L'orgue a cinquante pieds de haut; il est en bois de cèdre et peint en chêne; c'est le plus grand d'Amérique après celui du Boston Music Hall, et il est merveilleux qu'on ait pu le faire de toutes pièces sur place, alors qu'il n'y avait pas de chemin de fer pour amener les matériaux.

L'acoustique de cette immense salle est excellent : j'en fis l'expérience. La lumière vient du plafond et de jours découpés au-dessus des portes. Au milieu du temple il y a aussi une fontaine jaillissante qui ne symbolise rien du tout, et dont l'unique destination est de rafraîchir la température durant les offices.

Sur ces murs blancs, une nudité désespérante et qui semble voulue. Rien qui parle à l'âme. Il y a bien, au plafond, symétriquement groupées, quelques grosses bottes de fleurs et de mousse, mais fanées et poudreuses. Tout alentour est une décoration de festival : les drapeaux de tous les États et des pays étrangers dont sont originaires les fidèles. Les couleurs belges n'y figurent pas, mais le drapeau français fait pendant au prussien, l'irlandais à l'italien, et le danois et le norvégien s'entrelacent fraternellement. Au fond se balance une immense banderole : « *Deseret school union.* » *Deseret* (en langage mormon, le pays de l'abeille) est le nom qu'avait donné Brigham au *settlement* qu'il avait élevé, à l'État provisoire dont il fut élu

gouverneur à l'unanimité par les siens, lorsque le territoire appartenait encore au Mexique ; ce n'est que trois ans après, lorsque ce
territoire fut cédé par traité au gouvernement
des États-Unis, que celui-ci en changea le
nom en celui de *Utah,* ou pays des Indiens
Utes.

Le concierge mormon qui nous montre le
temple nous explique qu'il n'y a pas que le
pape et les apôtres qui puissent parler au
peuple du haut de la chaire. Tout homme in-
vité à prêcher le fait immédiatement :
aucun ne refuse. Il est vrai, ajoute-t-il mali-
cieusement, qu'on n'adresse cette demande
qu'à ceux qui savent parler.

La veille de notre visite, Brigham avait
fait un sermon sur la tempérance, apostro-
phant nominativement quelques-unes de ses
ouailles, qui s'étaient oubliées jusqu'à fré-
quenter des brasseries. Leur religion leur
défend toute boisson fermentée et même

toute boisson chaude. Cela ne contribue pas peu à l'hygiène et à la tranquillité publiques.

Les Mormons communient sous l'espèce de l'eau seulement, et j'ai vu près des siéges des hauts dignitaires, le seau, la louche et les timbales d'argent dont ils se servent. Lors de l'arrivée en Utah, ces objets furent fabriqués avec les fourchettes et les caisses des montres qu'on avait pu emporter. Notre cicerone nous apprend qu'on emploierait le vin à la communion si l'on parvenait à en faire ou à s'en procurer de pur.

Tout à côté du Tabernacle devenu insuffisant est le futur temple qui sort à peine de terre; il sera gothique. On n'emploie à sa construction que le granit blanc de la montagne, granit que l'on trouve à dix-huit milles de là. On ne s'explique pas comment il se fait que, chez une nation aussi industrieuse, les travaux ne soient pas poussés plus activement. Cela a bien l'air d'une tour de Babel.

Les Mormons voient autour d'eux s'élever d'autres églises de toutes les confessions : presbytérienne, méthodiste, anglicane, etc. On m'a dit qu'il y avait même une église catholique dans la Cité.

Mais, d'après le concierge, le Temple mormon vaudra mieux que « *tout cela* ». Il nous demande avec enthousiasme et conviction s'il y a rien d'aussi beau dans le vieux monde! Pour mieux nous faire juges de ce que sera l'édifice, il nous vend la photographie du futur temple; il rappellera, en petit, l'abbaye de Westminster. Il nous vend aussi un catéchisme et le *Livre de Mormon*, celui-ci traduit en bien mauvais anglais par Joseph Smith, sur les caractères « égyptiens réformés » qu'il trouva, d'après la tradition, il y a juste cinquante ans, gravés sur des plats d'or.

Notre Mormon, qui s'appelle Young et est sans doute fils ou neveu du Président, refuse absolument de nous montrer la salle des mariages en deuxièmes ou troisièmes noces. La loi ne pouvant reconnaître la polygamie, nous savions qu'on se cachait pour convoler, et que les cérémonies de l'*endowement* avaient lieu à huis clos dans la sacristie.

Un autre Mormon voulut bien me donner quelques renseignements curieux sur la façon dont se décident ces unions répétées. En Utah, comme chez nous, on ne peut se marier que par le consentement mutuel des parties. Au bout de quelque temps, si, non content d'une moitié dévouée, vous voulez fractionner davantage votre cœur, vous n'obtiendrez une seconde femme que sur les meilleures références de l'*Elder,* magistrat municipal qui administre chaque bloc ou quartier et qui a en particulier sous ses ordres une école. Ce certificat de « haute moralité », de ferveur, de fidélité à ses devoirs, est in-dispensable pour pouvoir être bigame. Et ce ne sont pas les pauvres seuls qui n'ont qu'une épouse.

A l'origine, on a donné une acre et quart à chaque colon. Quelques-uns n'ont pas même clôturé leur lot, et l'on voit aussi quantité de villas paraissant appartenir au même propriétaire. Les uns vivent avec toutes leurs femmes sous le même toit, les autres sont à la tête d'une sorte de cité ouvrière, où chaque *habitante* a son numéro d'ordre. Tout ce monde s'entend à merveille, et rien n'est plus rare qu'une querelle à Salt Lake City.

Souvent le père donne, comme dot à ses enfants, une portion de son terrain à bâtir, et ainsi les maisons se resserrent peu à peu, comme les jeunes plants de la vigne sauvage.

A une heure, nous arrivons au palais du Président. Il est là, dans son *office* (bureau), accessible à tous. Deux négresses en sortent comme nous y entrons. Seraient-ce de futures adeptes? Jusqu'ici, les Mormons n'avaient

pas voulu de femmes de couleur; ce vieux
préjugé n'a plus de raison d'être dans un
siècle comme le nôtre...

L'appartement du Prophète est des plus
modestes : aux murs sont les portraits du
prophète-martyr Smith, des apôtres, et de
quelques *elders* ou anciens, tous Mormons.

Nous remarquons un grand cadre avec
quinze ou vingt portraits de femmes dont les
noms de baptême sont inscrits en dessous.
Ce sont mesdames Brigham Young : presque
toutes blondes, quelques-unes vraiment
jolies. Le président s'est fait la part du lion[1].
La plupart des Mormonnes sont loin d'être
jolies, et, dans un pays où la beauté est si
commune, le contraste est plus frappant. On

[1] Je cherchai à me procurer ces portraits chez les
photographes. Partout on me répondait qu'ils n'étaient
pas dans le commerce : tout ce que je pus obtenir fut le
portrait de la nommée Élisa Young, qui s'est si bruyam-
ment divorcée d'avec le président et a même écrit un
volume de mémoires sous le titre de : *l'Épouse* n° 19.

ne peut s'empêcher de penser que l'Utah est un refuge pour celles qui ne trouveraient pas à se marier ailleurs.

Aucun portrait d'enfant n'était exposé, mais nous savons que Brigham est le père de son peuple. Ainsi que le roi d'Yvetot,

> Aux filles de bonnes maisons
> Comme il avait su plaire,
> Ses sujets avaient cent raisons
> De l'appeler leur père.

Brigham ne nous fit pas attendre. Il vint à nous, nous serra la main et nous fit asseoir fort cérémonieusement. Je m'étais attendu à voir quelque chose comme un Barbe-Bleue : j'avais devant moi un homme aux dehors austères. Brigham, qui était né avec le siècle, paraissait avoir vingt ans de moins. Il était grand, fort, et avait encore toutes ses dents et tous ses cheveux. L'œil fin, perçant et résolu, le front élevé, les lèvres minces et serrées sans moustache, le menton carré, tout en lui dénonçait le diplomate habile, l'esprit intelligent et méditatif uni à une fermeté inébranlable.

Il était vêtu comme un prêtre protestant, et, sous sa longue et soyeuse barbe blond cendré, il portait un gros fichu blanc pour cacher un goître.

Sa parole était lente, basse et pourtant claire. Chacun des mots qu'il prononçait tombait de ses lèvres comme un oracle ou une sentence biblique. On sentait qu'il avait l'habitude du monologue.

— Vous avez vu, nous dit-il, notre ville, ses rues coupées à angles droits, son télégraphe, son gaz et ses tramways. Il n'y a pas trente ans, en 1847, que nous avons ouvert notre chemin jusqu'ici... Vous voyez ce que nous avons mis à la place du désert...

Après une pause où il semblait écouter les échos de sa propre voix, Brigham, voyant que nous méditions ses paroles en l'examinant des pieds à la tête, nous parla de l'exposition de Philadelphie, nous dit qu'on ne l'y verrait point; puis, tout à coup, il ajouta :

— J'espère que vous voudrez bien aller visiter mon *magasin;* examinez-le bien. Il est éclairé par en haut : c'est une innovation dont je suis l'auteur et qui s'étendra bientôt partout.

Quand nous nous levâmes pour prendre congé, il nous pria d'inscrire nos noms dans un registre. Celui-ci s'ouvrait de lui-même au 23 avril de cette année, jour où Dom P. d'Alcantara, empereur du Brésil, y avait apposé sa signature.

Le magasin, dont avait parlé le Président, est un de ces immenses bazars comme on n'en voit qu'en Amérique. Celui-ci a trois étages. La lumière vient d'un lanterneau. On assure que c'est le plus grand magasin du monde. Il a été érigé au capital de 150,000 dollars, valeur du terrain comprise.

C'est une société coopérative qui a des succursales à Odgen et à Logan. Sur la façade des bâtiments est peint un œil avec la devise : « *Holiness to the Lord !* »

Lorsque le Président eut achevé de bâtir la maison mère, il invita les fidèles à coopérer à son œuvre, et si elle a réussi, c'est grâce à cette pression. Tous les marchands qui désiraient le patronage et la clientèle des croyants firent peindre sur leurs maisons l'œil, la devise et les lettres **Z. C. M. I.** (*Zion's cooperative mercantile institution*). Et, comme les gentils et les apostats ne se gênaient pas pour se moquer de l' « *œil de bœuf* », on établit une sorte de quarantaine pour tous ceux qui n'avaient pas adopté l'enseigne magique. L'ordre ne fut pas très-strictement observé ; mais, néanmoins, on remarque encore quantité d' « œils de bœuf » sur les boutiques de Salt Lake City : ce sont toutes agences dépendantes de la grande

Coopération. Sur les avis pleins de zèle des anciens, tout le travail et toutes les économies des Mormons convergent vers l'établissement central qui compte maintenant dix années d'existence.

Brigham Young avait espéré ruiner la concurrence et forcer les Gentils à quitter le territoire, sachant bien que tout marchand gentil est un antimissionnaire, un dissolvant dans la communauté. En ce sens il n'a pas réussi comme il l'aurait voulu, car l'influence des Gentils, servie par les chemins de fer et l'exploitation des mines, augmente de jour en jour et finira par contre-balancer celle des Mormons. A en croire l'ennemi (ce qui n'est pas ou n'est plus mormon), les affaires coopératives seraient même dans un état critique, et le changement de Président pourrait bien tuer le monopole.

Personnellement, l'ex-Président était venu au secours de l'institution dans un moment de crise, et les mauvaises langues prétendent qu'il y trouva de grands profits.

C'était un système chez lui de tout concentrer dans ses mains, et d'aucuns lui reprochent d'avoir exploité son peuple. Il est bien certain qu'il laisse une fortune de cinq à six millions de dollars. Comme liste civile, il prélevait la dîme. Lui seul pouvait acheter et vendre, car lui seul avait de l'argent. On a prétendu qu'il était avare, peu scrupuleux, et qu'il favorisait l'ignorance : c'est une exagération. Mais le nerf de sa puissance, auprès de beaucoup de ses prosélytes, était évidemment l'argent, qui lui permettait de tenir dans ses mains la direction des affaires temporelles de toutes les familles mormonnes.

Sans doute, son pouvoir n'était plus aussi despotique qu'il l'avait été, mais cent mille personnes libres obéissaient volontairement à un mot de cet homme. Identifié comme il l'était avec l'histoire du mormonisme, le

Prophète, aux yeux des croyants, s'inspirait directement de la Puissance Divine. La résistance à ses ordres était résistance au Seigneur. Le commun des fidèles mormons est, quoi qu'on en dise, d'une crédulité excessive quant aux faits de l'ordre surnaturel, et, à tout prendre, il était plus simple encore de lui obéir pour ne pas attirer les plus grands malheurs sur soi et sur les siens.

Comme le *Times* de Londres l'a fort bien fait remarquer à la mort de Brigham, « si l'opinion publique, dans la Nouvelle-Angleterre, provoquait des enquêtes sur les crimes dont on accuse les Mormons d'Utah, Brigham Young, de son côté, pouvait ordonner la guerre sainte contre l'agression des Gentils, et il aurait été capable de la repousser malgré les chemins de fer. S'il avait été prouvé qu'il fût pour quelque chose dans l'abominable crime pour lequel fut condamné récemment « l'évêque » Lee, il n'aurait pas manqué de déchaîner sur l'Utah une tempête dont on aurait longtemps ressenti les effets. Le cabinet de « pacification » du président Hayes se serait créé de sérieux embarras s'il avait voulu sévir : l'Utah se serait révolté. »

C'est évident ; mais il n'est rien moins que certain que les *Danites* ou *anges exterminateurs* aient existé. Je ne veux pas en ceci écouter les États-Unis, partie intéressée au procès. On y demande que le Gouvernement cherche à connaître des crimes longtemps dissimulés, où doit éclater la complicité des chefs de l'Eglise mormonne. Cela paraissait peu politique tant que Brigham Young était en vie ; depuis qu'il n'est plus, la demande d'un jury est énergiquement réclamée, moins pour en arriver à la suppression de la secte (on veut bien la conserver comme curiosité religieuse !) qu'à la suppression en fait du gouvernement mormon, jusqu'ici un État dans l'État, une tache dans le drapeau étoilé de l'Union.

C. APRÈS LA VISITE.

« Le charme mormon est détruit », s'est écrié le *New-York Herald* en piétinant joyeusement sur le cadavre du Prophète.

Nous, qui n'avons pas les mêmes haines, qui sommes au-dessus de ces rivalités de sectes, parce que nous sommes catholiques, nous pouvons envisager avec plus de sang-froid cette individualité qui vient de disparaître.

Avant d'assumer le contrôle suprême sur les destinées de la secte, Brigham, fils d'un vétéran de l'armée de Washington et charpentier de son état, n'annonçait pas devoir devenir le Moïse de sa tribu. Ce sont les circonstances qui l'ont fait sortir des rangs et porté au pouvoir où il est arrivé. Personne ne lui a jamais refusé une intelligence hors ligne dans l'art de conduire les hommes sans leur faire sentir le joug. Comme administrateur et financier, il a toujours réussi, et, en ces choses-là, il était de ceux pour lesquels la fin justifie les moyens. Charpentier médiocre, il a toujours eu l'ambition de devenir architecte, et le monument qu'il a élevé ne périra pas avec lui.

Je laisse de côté les intentions. En instituant la polygamie, — car il a fallu pour cela ajouter un chapitre au livre de Mormon, Smith n'y ayant point songé, — peut-être a-t-il spéculé sur les sentiments les moins avouables de l'homme pour se créer des partisans nouveaux; peut-être, comme on l'a fort bien dit, était-il immoral par principe, « pratiquant la pire tyrannie, tout en réclamant la liberté illimitée »; peut-être n'a-t-il vu dans l'idée religieuse qu'un moyen de conduire les masses aveugles : tout cela est possible, et même assez probable. Il se disait inspiré de Dieu : était-ce pour faire plus de dupes ou pour mieux asseoir une *religion* encore dans les langes ?

Il inventait des dogmes nouveaux, les rattachant comme il le pouvait aux doctrines bibliques qui sont le fond du mormonisme. Il était utilitaire avant tout, et voulait que tout Mormon fût à l'abri du besoin ; il avait exempté sa communauté de toute préoccupation, puisqu'en vivant d'une vie saine et frugale, agréable et honnête, sans montrer l'ambition ordinaire aux Américains, le Mormon se trouve parfaitement heureux et se croit assuré du bonheur céleste.

Le règne théocratique de Brigham Young restera l'ère de prospérité du mormonisme. Ses prétendues révélations avaient fait de lui une sorte de Mahomet; sa prudence dans les délibérations importantes, sa fermeté dans l'accomplissement de ce qu'il avait résolu en faisaient un caractère.

Il paraît qu'à ses derniers moments il se retenait encore à la vie avec la ténacité caractéristique de toute son existence ; il no voulait pas mourir.

Chose curieuse aussi, une grande partio de ses dispositions testamentaires est consacrée à son cercueil. Se ressouvenant de son état primitif, il donnait une foule d'indications sur le choix du bois et jusqu'aux dimensions de la bière. Il entendait y être confortablement couché, de façon à pouvoir se retourner, etc. Il demandait qu'on l'enterrât dans un coin de son jardin, disposé à l'avance à cet effet, et, pour que la terre lui fût légère, indiquait la qualité de terre, fine et sèche, qui devait recouvrir ses restes.

Ce testament fut lu, le corps présent, dans le Tabernacle, devant un auditoire de

15,000 personnes qui avaient trouvé place sur les bancs et dans les galeries.

La volonté expresse du défunt était qu'il n'y eût pour lui de deuil ni public ni privé. Et les fidèles, accourus de toutes parts pour assister à ses funérailles, apprécièrent fort cette idée économique. On vit ainsi, dans ses vêtements ordinaires, sans le moindre bout de crêpe, tout le « peuple de Dieu » suivre le convoi du chef de son Église, en priant pour sa préservation de tout schisme ou discorde.

Le deuil de ce patriarche a été mené, d'après les *Deseret News,* organe officiel de l'Église mormonne, par dix-sept veuves et quarante-quatre orphelins.....

On croyait assez généralement en Utah que Brigham avait désigné pour lui succéder son troisième fils John W. Young, celui qui a construit, de compte à demi avec son père, l'*Utah Central Railroad;* d'autres affirmaient que Brigham *junior,* l'aîné de ses fils, qu'on

appelait vulgairement « le gros garçon »,
avait aussi quelques chances; d'autres enfin
disaient que le premier avait apostasié[1] et
que le second était imbécile. Il importe peu
de savoir ce qui en est, mais le *New-York
Herald* prétend qu'après les funérailles du
président, les Mormons se séparèrent aux
cris de : « Plus de Youngs! Les Youngs au
diable[2] ! »

[1] Le lendemain de l'enterrement de son père, John W.
se fiançait à sa propre *nièce*, miss Cobb, bien qu'il fût
marié déjà. S'il avait apostasié, il revenait du moins
aux vrais principes mormons.

[2] Ces pages ont été écrites le 1er octobre 1877, un mois
après la mort de Brigham Young, et ont paru en Belgique, dans la *Revue générale*. Je crois devoir les conserver telles quelles. En 1878, le *Courrier des États-
Unis* a publié un intéressant article que je donne ici
à titre de document :

« La discorde est dans Jérusalem, la nouvelle Jérusalem, voulons-nous dire, et les Mormons, qui avaient
gardé « de Conrart le silence prudent » depuis la mort
de leur grand prophète Brigham Young, paraissent vouloir faire parler d'eux.

« Comme de simples gentils, ils font appel aux lumières
des avocats, ils s'adressent à la justice humaine, et ce sont

Le choix du conclave des « apôtres » se porta sur John Taylor, « ancien » de l'Église, chef des apôtres, et qui était le premier en dignité après Brigham Young. C'est, dit-on,

les héritiers du prophète eux-mêmes qui vont donner au monde profane ce lamentable spectacle.

« Les quarante-cinq enfants de Brigham Young ne sont pas d'accord pour se partager l'héritage paternel, et les vingt-cinq épouses de l'ex-envoyé de Dieu viennent encore attiser la discorde. Ce procès aura du moins quelques résultats intéressants, celui d'abord de nous affirmer que le chiffre 25 est bien le nombre exact des épouses du prophète, et celui de nous faire connaître, dans quelques détails intimes et curieux, la vie de ce nouveau sultan et de son harem.

« Il n'entre pas dans nos vues d'étudier chacune de ces épouses, et nous croyons que nos lecteurs attachent peu d'importance à la couleur de leurs yeux et de leurs cheveux, depuis madame Mary Ann Angele, qui partageait les faveurs du maître avec sa sœur Jemima et les deux sœurs Decker, mais il est singulier de voir les moyens que Brigham Young employait pour pratiquer cette loi qu'il qualifiait de divine et qui s'appelle la polygamie. »

La première femme du prophète et la seule « légale » est née à New-York : Ann Angele, dont nous avons donné déjà le nom. C'est d'elle que sont nés les fils les plus intelligents et les plus capables du prophète, et les noms de Joseph et Jean Brigham Young sont depuis longtemps connus du peuple mormon et même du peuple américain.

un vieil Anglais, né en 1808, ancien mission-
naire méthodiste, bon journaliste, médiocre
orateur, et qui ne s'est jamais fait remarquer

« Les noms de Lucy Decker Seely, de Zina Huntington Jacobs, de Augusta Cobb, se présentent ensuite à
notre mémoire. Ces trois femmes étaient mariées, elles
auraient des enfants, une famille; Brigham Young les
vit, leur parla, les séduisit, et, tour à tour, elles aban-
donnèrent enfants, familles et maris, pour devenir les
épouses du prophète.

« D'autres, comme Eliza Burgess et Hariett Barney, de-
viennent fanatiques, et pensant être « reines de Sion »,
— c'est un des grands moyens du prophète, — sont
heureuses de lui sacrifier leur jeunesse et leur existence.

« Enfin, le Saint des Saints daigne s'abaisser jusqu'à
ses servantes, lorsqu'elles possèdent quelques charmes,
et nous voyons Twis et Amelia Partridge quitter la cuisine et pénétrer dans le sanctuaire.

« Mais, hélas! la polygamie élevée à la hauteur d'une
loi divine a bien aussi ses inconvénients, et le prophète
a parfois regretté ses entraînements lorsqu'il se trou-
vait vis-à-vis de Harriett Cook, qui, après avoir été enthousiaste dans sa foi, lui jetait un jour à la face ces paroles cruelles : « La religion mormone est un *humbug* et
« doit envoyer au diable tous ceux qui la professent. »
Que de fois le pauvre prophète, quittant le royaume des
saints et le ciel de la nouvelle Jérusalem pour les réalités
terrestres, dut fuir devant la tempête déchaînée par
celle à laquelle il avait promis le royaume de Sion!

autrement. Lors du meurtre des frères Joë et Hyram Smith, il reçut cinq balles dans le corps et eut la chance d'en guérir. Jamais il

« Une autre reine du céleste séjour, Ann Eliza Webb, ajouta à ses tourments et fit retentir son nom devant les tribunaux américains. C'est à peine si Eliza Roxy Snow et Zina Huntington pouvaient le consoler de ses chagrins en le charmant par leurs poésies suaves et mormonnes.

« Enfin une dernière peine était réservée à Brigham Young ; le nombre de vingt-cinq épouses ne lui paraissait pas suffisant ; il voulait encore orner d'une vingt-sixième le séjour des saints de la dernière heure. Une charmante jeune fille venant de Suisse avec ses parents l'avait ravi par sa beauté et par sa voix. A elle aussi il offrit l'« exaltation » et la couronne de Sion. Elle eut la cruauté de refuser et préféra aux joies du mormonisme la vue et l'air pur des montagnes de l'Helvétie. On assure que Brigham ne s'en consola jamais.

« Après avoir parlé des épouses de Brigham Young, il est intéressant de pénétrer dans l'endroit sacré qui leur sert de demeure, le « Lion House », hôtel où chacune d'elles a son appartement. Traversons rapidement le rez-de-chaussée qui renferme les celliers, les cuisines, la buanderie, les remises, et arrêtons-nous à la salle à manger. Le maître de son vivant était au haut de la table, et Lucy Decker au bas, distribuant le café. Les côtés étaient occupés par les enfants et les épouses inférieures. Cette réunion avait vraiment l'air d'une heureuse famille, ne serait monté dans la chaire prophétique si son sang n'avait pas été versé avec celui des *prophètes*.

L'inspiration va-t-elle transformer soudain ce vieillard ? Il sera difficile aux Mormons les plus crédules de voir en lui un autre homme que celui qu'ils ont toujours connu. Sans doute il aura des grâces d'état, et, du reste, la conscience des « Saints » doit le

et, chose extraordinaire, il n'existait, au moins devant le maître, aucune jalousie entre ces épouses cependant plus ou moins aimées.

« Au surplus, leur existence était facile, grâce aux libéralités de Brigham Young. Le matin, elles mettaient en ordre leur appartement; après déjeuner, elles chantaient, jouaient ou peignaient; enfin les voitures étaient à leurs ordres, et les promenades venaient encore ajouter à leurs distractions. Le soir, elles allaient au théâtre, où elles avaient toujours des places réservées pour elles et pour les enfants. Le prophète était généreux, et les professeurs de danse, de français, de musique, ne manquaient pas à l'école de « Lion House ». Enfin, ses favorites recevaient de lui un cottage et 1,000 dollars de rente annuelle; on affirme même que c'était la dot qu'il offrait à celles qui voulaient venir augmenter le nombre de ses épouses... »

leur dire, en tout il n'y a que la foi qui sauve.

Quel est l'avenir du mormonisme? Je ne me hasarderai pas à formuler une opinion à ce sujet. Il semble que le prestige du Prophète était pour beaucoup dans les progrès de cette secte communiste, dans un pays qui en compte pour tous les goûts; il semble aussi que si « le charme est rompu » par la mort de Brigham Young, les adhérents nouveaux seront plus rares. Mais de ce temps d'arrêt à l'extinction, même lente, que l'on prédit, il y a loin. Pour autant qu'un touriste puisse en juger, la secte mormonne est actuellement à l'apogée de sa prospérité.

Peut-être les *Gentils,* que tout attire dans ce coin de terre, si riche en dépit des apparences, peut-être arriveront-ils à noyer dans les flots de leur émigration incessante la colonie première; peut-être celle-ci perdrat-elle insensiblement toute influence sociale

et politique ; mais il est certain que le gouvernement des États-Unis n'effacera pas d'un
coup de plume l'*Église des Saints du Dernier
Jour.*

Pour moi, je n'ai aucune honte à l'avouer,
j'ai ressenti plus de tristesse que d'horreur
à la vue du fanatisme et de la bonne foi des
nombreux affiliés à cette détestable religion.
Il m'est resté de cette visite une vive admiration pour les établissements du Lac Salé,
pour le caractère fortement trempé et la
sagacité du prophète Brigham Young.

J'ai voulu simplement raconter comment
il m'était apparu au milieu des siens, entouré
de ses œuvres agricoles et apostoliques. Je
n'ai eu l'intention de faire ni la critique, ni
encore moins le panégyrique de sa vie.

Prince temporel et pontife spirituel, qui
s'était créé un État à lui aux États-Unis, une
Église au milieu des Églises, fondateur et
pasteur de peuple, autocrate et législateur,

pape et prophète, l'ex-charpentier restera une des plus étonnantes figures de ce temps-ci.

L'histoire qui aura à s'en occuper, la jugera sévèrement sans doute, et, forcée de l'admettre dans sa galerie immortelle, ce ne sera que pour la voiler, ainsi que les Vénitiens ont fait pour le portrait d'un de leurs doges, coupable, lui aussi, d'avoir voulu faire servir à ses intérêts personnels une puissance consentie par les siens.

IV

CALIFORNIE

A. LES GRANDS ARBRES.

Le baron de Hübner, le marquis de Beauvoir, M. Simonin, dans des livres que tout le monde a lus, ont donné leurs impressions sur les grands arbres de Californie et la vallée de Yo-Semite [1]. Il y a cependant quelque intérêt encore à en parler après eux, tant le pays et les moyens de communication changent et s'améliorent d'une année à l'autre.

Le *go ahead,* devenu proverbial, s'y applique à tout. On voit en Californie, comme dans tous les États miniers de l'Ouest, une route longue de cent milles s'ouvrir en un an, un chemin de fer en construction avancer de plusieurs milles par jour dans les plaines, une ville bâtie en six mois et démolie, rebâtie, transportée plus loin en moins de temps encore, des fortunes s'improviser et se perdre en vingt-quatre heures, et l'homme se brûler le sang à vivre le plus vite possible, oubliant les soucis de la veille

---

[1] Voir aussi dans le *Tour du monde,* septembre 1876, les *Merveilles de Yosemiti,* par M. Théodore KIRCHHOF.

et ne s'inquiétant guère des surprises du
lendemain. On saisit l'occasion aux cheveux,
l'actualité au vol, la fortune lorsqu'elle se
présente, et c'est bien là que le temps est de
l'argent.

Nous étions arrivés, deux compatriotes et
moi, à San-Francisco, le 21 septembre
1876. Le *stage* de Milton aux *Big Trees*
ne partant que deux fois par semaine, le
lendemain nous quittions déjà la métro-
pole.

Laissant derrière nous l'hiver qui nous
était apparu brusquement, avec la bise aigre
et maussade toute chargée du sable des
dunes voisines, avec les nuages légers qui
passent rapides à hauteur des toits et
cachent le soleil presque tout le jour, nous
retrouvions à Oakland, de l'autre côté de la
baie, les chaleurs de l'été et le ciel le plus
pur.

Le soir même le C. P. R. R. (Central

Pacific Railroad) nous déposait à Stockton, où nous couchions à la *Yo-Semite house.*

Le 23, de bon matin, nous prenons la ligne de Copperopolis, pour arriver en deux heures à Milton.

Le *stage,* prévenu de notre arrivée par le télégraphe, nous attend là ; mais ce nom pompeux de *stage* ne décore qu'un modeste wagon sur lequel sont attachés trois bancs de bois dur. Heureusement, une capote de cuir le recouvre et nous préservera des ardeur du soleil. Les chevaux qui doivent nous traîner ne sont que deux, et notre cocher, auquel on donne le titre de *colonel* comme à tout bon *gentleman* californien, est fort occupé à rattacher par une chaîne énorme les ressorts brisés de son véhicule.

On part cependant. Nous avons pour compagnons de voyage un monsieur de San-Francisco qui va visiter sa mine d'or, et deux simples mineurs avec leurs outils. Tous ils sont revêtus du *duster* ou pare-poussière en toile écrue, ce pardessus obligé de tout Américain qui se respecte.

Suivant l'habitude du pays, ces messieurs s'informent immédiatement de notre nationalité, de ce que nous venons faire, du temps que nous avons passé et que nous comptons passer chez eux ; ils nous donnent mille conseils utiles, s'offrent à nous montrer les *placers* et finissent par nous donner leurs adresses.

Déjà nous avons traversé les premiers contre-forts des montagnes, et nous sommes dans la *Sierra-Nevada*. La route est ce que l'on appelle dans l'Ouest une bonne route carrossable (*a good wagon road*), c'est-à-dire que la poussière est tellement épaisse qu'elle cache les pierres, et qu'à chaque moment on est horriblement cahoté. Ce n'est là, du reste, qu'une affaire d'habitude, et bientôt on se résigne à suivre l'exemple du cocher, dont le corps suit tous les mouvements de la voiture. Mais la poussière, cette poussière jaune, particulière à la Californie, dessèche la gorge, aveugle, s'imprègne dans la barbe et les cheveux, et nos vêtements sont couverts de poudre d'or.

Vers une heure, après seize milles, le *colonel* nous annonce un relais et notre dîner. Nous ne nous attardons pas longtemps devant le gigot de mouton aux tomates, la salade de citrouille et le café au goût de mélasse, et, avant que les chevaux soient prêts, nous avons le temps de nous cueillir un succulent dessert sur de superbes figuiers.

Douze milles encore, et nous arrivons à *Murphy's Camp*, cité en bois qui doit son nom à un chercheur d'or heureux. Il y a vingt-cinq ans, dans la première effervescence de la fièvre de l'or, ce Murphy, maintenant banquier à San Francisco, trouva ici, dans un creux de rocher, une *poche* d'or natif d'un tel volume qu'elle lui rapporta dix-sept cent mille dollars.

Tous les environs ont été fouillés, bouleversés vingt fois, et l'on ne voit plus piocher auprès du ruisseau boueux que quelques orpailleurs chinois aux énormes chapeaux en forme de parasols. Il y a pourtant encore assez d'or dans ces régions, car notre compagnon de voyage prétend employer par jour, en ce moment, dans la mine qu'il exploite depuis peu, non loin de là, l'énorme quantité de trois tonnes de mercure, pour amalgamer l'or en le désagrégeant du quartz. Ce serait à peine croyable s'il ne nous confiait qu'il se voit à la veille d'une fortune immense...

Après nous avoir présenté au cabaretier, que dis-je? au *bar-keeper* du *saloon* de l'endroit, il nous offre un verre d'excellent cidre de Californie et se hâte de nous armer de lettres d'introduction pour MM. les hôteliers de Calaveras et de Yo-Semite.

Mais il nous faut quitter cet obligeant Crésus. Nous sommes seuls à nous rendre aux grands arbres, et l'on nous donne un autre char à bancs plus solide et un autre cocher. Celui-ci n'a que dix-sept ans et conduit ses quatre chevaux depuis l'âge de douze ans. Il se trouve que les chevaux de volée sont d'acquisition récente, et, pour juger de leurs qualités, l'adolescent nous mène à fond de train. En une heure il a fait huit milles, la moitié du chemin, toujours montant sur un sol inégal et rocailleux dissimulé sous une épaisse couche de poussière. Mais déjà nous nous laissons aller au plaisir qu'on éprouve à dévorer l'espace, tout en côtoyant presque constamment un précipice et franchissant de temps à autre les fossés des mineurs et les torrents desséchés sur des ponts primitifs dont les planches ne sont pas même clouées. Si l'on rencontre une charrette dans ce chemin trop étroit pour deux attelages, notre adroit petit George calcule d'un coup d'œil ce qu'il faut de place à l'autre et choisit pour se garer la pente du remblai. Un de nos compagnons pourtant est fort peu enthousiaste de ce genre de locomotion. Il s'étonne surtout de voir ainsi notre voiture fortement inclinée braver les lois de la pesanteur et conserver juste assez d'équilibre pour ne pas verser.

A six heures, nous n'avons plus que quatre milles à faire, et nous sommes en pleine forêt. Mais George connaît merveilleusement son chemin et passe sans hésiter à travers mille géants végétaux qui tous se ressemblent. La lune en se levant donne au bois une teinte de mélancolie romantique : ses rayons pâles et doux glissent à travers les vieux pins et font ressortir leurs noires silhouettes. Le calme le plus profond règne ici. Gagnés malgré nous par la sauvage et mystérieuse grandeur de cette nature, il nous semble que notre arrivée a quelque chose de solennel.

Une lumière brille à travers les arbres : c'est l'hôtel. En même temps se dressent deux énormes tours entre lesquelles passe notre voiture : ce sont deux des gros arbres, dit notre cocher ; mais ces tours sont tellement monstrueuses que nous craignons un leurre.

Deux cents mètres plus loin, la voiture s'arrête au *Mammoth Grove Hotel,* et nous nous empressons, après avoir demandé nos chambres et un souper, d'aller voir les *Deux Sentinelles* qui gardent l'entrée. Ce sont bien des arbres vraiment, chacun de plus de *trois cents pieds de haut* (cent mètres), assure-t-on, et le plus gros de *vingt-trois pieds de diamètre* (presque huit mètres)! Cela fait rêver, n'est-ce pas? Et penser qu'il y a quatre-vingt-treize de ces gros arbres dans les environs immédiats de l'hôtel! Dix d'entre eux ont chacun trente pieds de diamètre, et plus de soixante-dix entre quinze et trente pieds...

Assis le soir sous la vérandah de l'hôtel, en face du *Grove*, longtemps nous restons à contempler dans une muette admiration cette forêt où les *Sentinelles* ne dépassent pas la hauteur de leurs voisins. Oh! que nous sommes heureux d'être venus ici! Autour de nous nul bruit. Nous sommes les seuls voyageurs à l'hôtel : il paraît que le Centenaire de Philadelphie fait tort aux Mathusalems de Californie.

D'ailleurs, la saison est déjà assez avancée. Pendant les mois d'été et du printemps, la petite vallée du *Mammoth Grove* est également exempte de la chaleur du bas pays et du froid de la région des neiges. La végétation apparaît avec le mois de mai, et demeure fraîche jusqu'à la mi-octobre. La neige tombe rarement avant le milieu de décembre et disparaît entièrement vers le milieu d'avril.

De plus, nous apprend notre hôte, qui veut bien nous donner tous ces renseignements, le San-Antonio coule près de là. C'est un des principaux cours d'eau du comté, et ses chutes, distantes de cinq milles seulement, ont 150 pieds de haut, comme le Niagara.

A un autre titre, Calaveras peut se vanter aussi d'avoir été la patrie de la *célèbre grenouille sauteuse*, dont l'inimitable Mark Twain, l'idole des Américains, a chanté les désopilantes aventures.

Le dimanche 24 septembre fut un grand jour pour nous. Il n'y a pas de temple protestant au fond des bois. On oublie que l'on est dans un pays où tout le monde affiche, *le dimanche*, ses sentiments religieux, tout en en ayant moins qu'ailleurs, et ici il est permis d'admirer les ouvrages du Créateur, ce jour-là comme un autre.

Pendant que l'on selle les chevaux que nous avons commandés, — car nous voulons tout voir, — nous dirigeons nos pas vers un kiosque à six ou huit fenêtres, bâti sur la souche d'un des *sequoias giganteas*. La science, émue de la découverte de ces patriarches du règne végétal, avait voulu savoir leur âge, et il avait fallu en couper un pour compter les lignes de croissance. On m'a assuré que celui-là n'avait pas moins de *trente siècles!*... Sa circonférence mesurait quatre-vingt-douze pieds, et la longueur du tronc, plus de trois cents. Pour l'abattre, cinq hommes se servant de grandes tarières travaillèrent vingt-cinq jours. La souche a été polie, et sur ce parquet peuvent tourner trente-deux valseurs. Des pièces de théâtre ont été jouées, et, en 1858, un journal, *The Big Tree Bulletin*, a été imprimé dans cette salle. Tout à côté du kiosque gît une section de la tige. Une échelle s'y appuie, invitation muette aux promeneurs.

Notons que c'est en 1852 qu'un chercheur

d'or, je crois, connu sous le nom d' « Old Dowd », découvrit ici le premier de ces colosses auxquels les Américains ont donné le nom de *sequoia gigantea* et les Européens celui de *Wellingtonia*.

Mais nous voilà à cheval tous trois et précédés d'un guide, Lorrain d'origine, qui va nous piloter au milieu des arbres.

Tout autour de nous, en effet, ce ne sont que conifères géants, et non pas seulement des sequoias, mais aussi des pins, des cèdres, des sapins, qui partout ailleurs paraîtraient énormes, ayant jusqu'à deux cent et soixante-quinze pieds de haut, et communément de dix à onze pieds de diamètre. Ces chiffres, comme tous ceux que je me propose de donner, sont officiels, et pour ne pas fatiguer le lecteur, je ne fais que reproduire, quant aux dimensions des arbres qui m'ont le plus frappé, les données que le propriétaire de l'hôtel a bien voulu me procurer.

Voici, à gauche du sentier, U. S. Grant, W. T. Sherman et J. B. Mac Pherson, les trois généraux en chef de l'armée de l'Union, dont les noms ont été donnés en 1865 à un trio des plus imposants.

A soixante pas de là, nous rencontrons l'*Orgueil de la forêt*, l'un des mieux portants et des plus nobles arbres : quatre-vingts pieds de circonférence et trois cents pieds de haut.

Son voisin, Phil. Sheridan, élancé, gracieux, hardi, a aussi trois cents pieds. Un coup de vent a renversé, en 1860, la *Chambre des mineurs*, qui est à côté : trois cent et dix-neuf pieds de long, vingt et un de diamètre.

— Alerte ! s'écrie le guide pour détourner notre attention. Tout cela sonne creux. Voici qui est plus digne de votre examen. Je vous présente les *Trois Grâces*. Beaucoup de personnes regardent ce groupe comme le plus beau du monde.

Superbes en vérité, les *Trois Grâces,* se serrant l'une contre l'autre comme des sœurs, sans chercher à s'étouffer comme des rivales !

Loin de redouter « des ans l'irréparable outrage », elles embellissent en vieillissant et se font gloire d'exhiber l'antiquité de leurs parchemins.

Encore une curiosité : *la cabane des pionniers,* chambre avec cheminée que le feu a pratiquée dans l'un des plus gros arbres. A quelque distance, dans le centre du *Grove,* voici une autre *cheminée,* celle *de Pluton,* creusée singulièrement d'un seul côté de l'arbre, jusqu'à quatre-vingt-dix pieds du sol.

Le *Monarque tombé,* quelques pas plus loin, est couché là, selon toute apparence, depuis des siècles. Bien que le temps ait consommé toute l'écorce et une grande partie du bois, ce qui en reste a encore dix-huit pieds de diamètre. La moitié supérieure, qui doit avoir violemment frappé le sol dans sa chute, a disparu, et des arbres presque centenaires s'élèvent sur ses ruines.

Enfin, tout au bout du sentier, voici la *Mère de la forêt*. C'est elle dont l'écorce avait été envoyée à Sydenham et a brûlé avec le *Palais de cristal*. On voit encore, fichés dans le tronc, les échelons de l'échafaudage. Un des mineurs qui la dépouillaient a fait une chute et a eu la chance de ne se casser que la jambe. La première branche est à 75 mètres de terre. L'arbre est naturellement mort, et les membres supérieurs commencent à tomber. Près de la cime, un rejeton a pris racine dans le corps de la *Mère* et, nous fait remarquer le guide, a apparemment l'intention de devenir quelque chose.

Ce serait triste si les vieux bras paralysés où se réfugie le dernier-né venaient à ne plus pouvoir le retenir. Toute cassée qu'elle est, cette respectable mère de famille mesure

encore trois cent et vingt-sept pieds de haut,
et le tour de sa taille décharnée n'a pas
moins de soixante-dix-huit pieds. L'écorce,
comme chacun sait, avait bien une épaisseur
de quatre doigts.

Passons maintenant au *Père de la forêt*.
Hittell, dans ses *Ressources de la Californie*,
dit qu'*il doit avoir eu quatre cent et cinquante pieds de haut, et quarante de diamètre*.
Il y a longtemps que son front est prosterné
dans la poussière, et pourtant qu'il est prodi-
gieux encore! Nous en étions stupéfiés. Il
mesure cent et douze pieds de tour à la base,
et on peut le suivre trois cents pieds, jusqu'à
l'endroit où le tronc fut cassé en heurtant
un de ses voisins; à la rupture, il a encore
seize pieds de diamètre. L'incendie en a
dévoré le cœur, et nous passons à cheval
dans ce tunnel sans toucher le plafond.
Auprès des racines, on voit sourdre un filet
d'eau vive intarissable.

Rangée autour du Père et de la Mère, comme des plants de l'olivier de la Bible, toute la descendance de cette race de Titans prend son libre essor vers le ciel, en formant la scène la plus impressionnante de la forêt. C'est grand et beau au delà de toute description.

Il y a encore *Hercule* (325 pieds de long, 97 de circonférence), allongeant par-dessus le sentier son corps immense. Jusqu'en 1862, époque où un ouragan l'abattit, c'était le plus gros arbre debout du massif.

Mentionnons aussi la *mère* et le *fils*, la *vieille fille* et le *vieux célibataire*, les *frères siamois*, la *cabane de l'oncle Tom*, tous très-pittoresques et remarquables à des titres divers.

En outre, bon nombre de jeunes arbres, de dix à trois cents ans, croit-on, et de quarante à deux cents pieds de haut, sont la réserve de ce corps d'élite. Tous viennent

très-bien et, si le vent et le feu ne s'y oppo-
sent, seront arrivés au milieu de leur car-
rière dans un millier d'années.

Nous n'avons vu que le *Mammoth Grove,*
l'antichambre de la forêt; il nous faut encore
voir le *South Grove Park,* distant de six milles
du premier et que l'on gagne par un bon
sentier. Mais ce sentier monte et descend en
zigzag les collines, et l'on ne peut avancer
qu'au pas. Chemin faisant, nous apercevons
deux ou trois huttes de planches où quelques
Indiens abrutis vivent pêle-mêle avec des
blancs. Ces gens ne sont point nomades; ils
se nourrissent de pommes de pin et du lait de
leurs vaches qui paissent dans les clairières
de la forêt. Plus misérables encore et plus
dégénérés que ceux que l'on rencontre à
chaque station du Central-Pacifique, entre
Ogden et Sacramento, ceux-ci n'ont même
plus le courage d'accepter l'aumône. Ils n'ont
conservé du caractère de leur race que l'insou-

ciance, et nous regardent passer d'un œil hébété et indifférent.

Plus loin nous traversons le ruisseau du *Stanislaus* sur un pont branlant jeté d'un rocher à l'autre, et nous retrouvons des canaux de bois qui naguère amenaient ses eaux dans la vallée de Murphy, et avaient coûté, nous assure-t-on, un million de dollars à établir. Que les temps sont changés! Maintenant le mineur est exclu de ces parages; l'État de Californie, jaloux de conserver intacte la beauté poétique de cette nature enchanteresse, sacrifie ce capital improductif à la noble fierté de posséder un *parc national* qui n'a pas son pareil au monde!

La forêt est toujours aussi belle. Ce qui frappe le plus est l'étonnante proportion qui règne en tout. C'est grandiose, sauvage, féerique. Dans ce tableau, les couleurs un peu sévères, comme il convient à d'aussi grandes choses, se marient sans se confondre et s'harmonisent dans leur simplicité. Tous les tons du vert se trouvent rapprochés; une mousse grise ou jaune jette sur les colonnes sombres une nuance plus gaie, et le tronc brun rougeâtre des seqúoias varie agréablement l'aspect terne des cèdres et des sapins. Des arbres morts reposant sur la terre qui les a portés rappellent la fin de toute chose, et, tout à côté, comme symbole d'espérance, d'énormes pommes de pin sont jetées de ci, de là.

Il y a dans le *South Grove Park* 1380 sequoias, dont beaucoup de la plus grande taille. Je ne parlerai que de quelques-uns.

Goliath est un des plus beaux, quoique mort et enterré de plusieurs pieds. Mais, lorsqu'on s'est hissé tout en haut de ses racines soulevées, et qu'on mesure du regard ses dimensions, l'esprit s'égare et se croit l'objet de fantastiques hallucinations. Un attelage « à quatre » passerait facilement sur son dos. Les fameuses murailles de Babyloné sur lesquelles deux chariots pouvaient se promener de front n'avaient guère plus d'épaisseur, et c'était une des sept merveilles du monde.

Dans la cavité béante que le feu a pratiquée dans un autre, couché, lui aussi, trois hommes et trois chevaux ont hiverné l'an dernier.

Un troisième, droit, vert et plein de séve, mais ouvert d'un côté, sert de retraite depuis quinze ans à un vieillard : quelques vaches, dont nous entendons sous bois retentir les clochettes, sont toute sa fortune. Nourriture, logement, chauffage, éclairage, la forêt lui fournit tout, et l'on pourrait être plus mal. Ajoutez à cela le casuel représenté chez lui par la visite des touristes. Il nous vend de petits paquets de graines de cèdre et des brosses, qu'il fabrique avec l'écorce de sa tanière.

Je me rappelle un de ces arbres creux et debout plus extraordinaire encore que tous les autres. Nous y entrâmes tous les quatre à la file. Ce fut comme un jeu d'enfants. Le premier arrivé, le guide, se dissimula, avec son cheval, sous une grosse racine, cria : « Qui va là? » et n'étant pas initiés au jeu, nous fûmes très-surpris d'entendre sortir une voix d'homme du fond de ce repaire. Cette écurie peut abriter *seize* chevaux à la fois, et pourtant les murs extérieurs sont solides et, sauf accident, supporteront longtemps encore ses colossales proportions.

A deux heures de l'après-midi, nous étions rentrés de notre excursion à travers les arbres, ayant passé six heures à cheval. Beaucoup de touristes ne se donnent pas la peine d'aller voir les arbres de Calaveras. La plupart se contentent de visiter le groupe de Mariposa, découvert plus tard, et moins important, puisqu'il ne renferme que 600 Big-Trees, mais d'accès facile par le chemin de fer et situé plus près de Yo-Semite.

Parmi les sept groupes connus de grands arbres, il en est deux sur la route même de Yo-Semite; mais à Tuolumne, comme à Merced, les arbres sont peu nombreux et moins remarquables que dans les deux groupes principaux. A Tuolumne, il n'y en a que dix, le plus gros n'ayant que vingt-quatre pieds de diamètre.

Le roi des arbres n'est pourtant ni à Calaveras, ni à Mariposa; il porte fièrement sa verte couronne sur la *Rivière du Roi*, à quarante milles de Visalia, et a 44 pieds de diamètre .

B. LES PLACERS.

De Murphy's à Yo-Semite, nous avons à suivre la *Hutching's route*. Des trois chemins de voiture qui descendent dans la célèbre vallée, celui-ci, d'après la carte, est le plus direct de Stockton ou de San-Francisco, mais il faut aller plus en stage que par les deux autres, dont la ville de Merced est le point de raccordement avec la voie ferrée.

Maître George a ordre de nous conduire jusqu'à Sonora, seize milles plus loin, où l'on a télégraphié pour le relais. A sept heures du matin, la température est déjà aussi élevée qu'aux plus fortes chaleurs en Belgique, et justifie ce nom de Californie (*calida fornax*, fournaise ardente). On nous assure, il est vrai, qu'il n'a pas fait aussi chaud depuis deux mois.

La route poudreuse, aux ornières profondes, sillonne le pays le plus dévasté qui se puisse voir. Ce ne sont que pointes de rocher que ne recouvre plus aucune terre végétale : cette nudité est d'autant plus désespérante qu'elle est le fait de l'homme. On dirait, à perte de vue, un champ de morts, ou mieux un enfer éteint.

C'est là pourtant que tant de pauvres gens et d'aventuriers, abandonnant famille et patrie, portant sur eux tout leur avoir, sont venus solliciter de la fortune un sourire. Nous avons devant les yeux le résultat du *gold excitement*, de l'*auri sacra fames*. C'est ici le temple du *mighty dollar*, et les appétits inassouvis déchirent fiévreusement le sein de la terre, espérant arracher à ses entrailles les trésors dont ils convoitent la possession.

Hélas ! cela nous rappelle trop la *Poule*

aux œufs d'or, du bon la Fontaine, et sa morale :

L'avarice perd tout en voulant tout gagner,

est trop souvent l'histoire de ceux qui, pour courir après un trésor aléatoire, *s'ôtent à eux-mêmes le plus grand de leurs biens.*

La fatalité, qui semble peser sur elle, excuse les mœurs et les vices de cette population flottante, souvent grossière, mais en somme composée de bons enfants, et fort hospitaliers. Chez eux la nécessité aiguillonne l'ambition, la fortune les assouplit et les transforme, si bien qu'ils ne doutent pas de devenir un jour, à l'exemple des fondateurs de Rome, la première nation du monde.

Nul mieux que Bret Harte, l'ancien mineur, le *poëte des Argonautes de* 1849, comme l'appelle l'éditeur de ses œuvres, ne nous a retracé cette vie d'aventures qu'il a vécu lui-même. Les tableaux dramatiques du Dickens californien sont peints d'après nature, et, en dépit de toutes nos préventions, nous forcent à admirer des types d'une originalité si vraie, qu'on les reconnaît immédiatement.

Ces conquérants, on ne sait trop pourquoi, ont respecté ou dédaigné d'enlever l'*humus*, la terre nourricière de certaines collines, et les regards du voyageur se reposent avec bonheur sur des arbres fruitiers, pommiers, figuiers, pêchers, vignes surtout, chargés des plus beaux fruits. Ainsi qu'aux environs de San-Francisco, on pourrait avoir ici les plus riches moissons; le laboureur pousserait le même sillon tout le jour dans des propriétés immenses, et l'on verrait pendant des lieues le même champ de blé ou de pommes de terre, de tomates ou de melons.

Déjà quelques-uns ont compris que là était réellement la richesse du sol californien, mais ici il est trop tard. L'homme a défait l'œuvre de la nature : il est impuissant à la refaire. Et ces gisements de métal, abandonnés déjà en tant d'endroits, resteront frappés de stérilité, comme un monument de la folie humaine. J'ai ouï dire que l'on avait enfoui en Californie plus d'or qu'on n'en avait extrait ; le baron de Hübner le rapporte aussi, et ceci ne me semble plus un paradoxe, après avoir pu juger sur place des travaux gigantesques entrepris dans les *placers* ou *placeres*.

Ce n'est plus, comme aux temps primitifs, après la cession de la Haute-Californie aux États-Unis, ce n'est plus le mineur lavant à l'aventure les sables du ruisseau avec la sébile de bois ou l'écope de fer-blanc, ou les passant au tamis en les balançant dans le *rocker*. Ces procédés surannés ont depuis longtemps fait place à la *méthode hydraulique*, née de l'association des mineurs.

Dans les tranchées profondes que nous dominons à droite et à gauche, des canaux de bois amènent à grands frais, et souvent de très-loin, les eaux des rivières détournées. Tantôt enjambant la route sur des tréteaux très-élevés, et tantôt se glissant en dessous, les plans inclinés des aqueducs font couler rapide ce Pactole rougeâtre.

Sur toute la longueur de l'étroit canal à ciel ouvert ou *sluice,* des barrages successifs séparent le minerai des terres que l'on jette dans le courant, et le mercure, versé de distance en distance, glane ce qui a échappé. Cette méthode est surtout employée dans l'exploitation des collines d'alluvions anciennes et des gîtes de quartz aurifère.

La surface est épuisée. Il faut maintenant attaquer les rochers, et nous remarquons plusieurs lances de fer puissantes braquées devant une colline qu'elles battent en brèche. Des siphons énormes enlèvent, entraînent jusque-là les masses d'eau retenues à cette intention dans d'immenses réservoirs. Car ce n'était pas assez de faire dévier les cours d'eau pour les amener par monts et vallées là où l'on en avait besoin ; les compagnies se sont creusé des bassins à elles pour recueillir les pluies de l'hiver. De cette façon, on épargne un temps précieux. Autrefois, dans certains de ces *placers* que nous traversons, on ne pouvait guère laver l'or qu'en hiver. L'eau comprimée et impétueuse, portée dans ses tubes de fer sur des chevalets mobiles, travaille automatiquement, à jet continu, et un seul homme suffit à surveiller plusieurs de ces bouches d'eau, auxquelles on donne le nom expressif de *monitors*.

Sans doute, ces amas de galets ou dépôts diluviens, ce conglomérat de schiste, de granit ou de porphyre entre lesquels courent les filons de quartz aurifère, avant d'être attaqués par l'eau, ont été minés par la

poudre; mais je ne veux parler que de ce
que j'ai vu ici.

C'est là la *méthode hydraulique perfection-
née*. Et l'on comprend qu'il faut disposer de
grands capitaux pour faire aussi grandement
les choses. Mais, aussi on lave de la sorte
avec succès des terres beaucoup plus pauvres
qu'autrefois.

Quantité de moulins, plus curieux les uns
que les autres, frappent encore nos yeux
éblouis : ici, entre deux barrages ingénieux,
ils sont assis au milieu de la rivière et ne
servent qu'à augmenter la pression de l'eau;
plus loin, tournant dans un mince canal, ils
recueillent l'or au moyen de godets de
mercure.

A côté de ces grandes exploitations,
quelques travailleurs isolés, Chinois pour la
plupart, reprennent d'anciens *placers* abandonnés, espérant toujours trouver quelque
belle pépite dans une fissure du quartz. Ces

gens gagnent-ils bien leur dollar par jour?
C'est tout au plus la moyenne.

Quoi qu'on fasse, du reste, dans les mine-
rais traités par les méthodes les plus savantes,
il se perd toujours un peu d'or : la chimie
n'a pas encore trouvé le moyen de tirer parti
de certaines pyrites aurifères devant lesquelles le mercure perd tous ses droits.

Mais nous voilà arrivés à Sonora, chef-lieu
du comté de ce nom, et dont l'origine
remonte à l'âge d'or de la Californie : elle a
vingt-sept ans d'existence !

Ici, il n'y a que des chercheurs d'or : ceux
qui n'en font pas état le sont à leurs moments
perdus, et les enfants sont mineurs de nais-
sance. Autour de la ville, trois moulins
lavent le métal précieux, et l'an dernier, la
ville elle-même a failli être détruite, parce
qu'on avait découvert qu'elle était bâtie sur
l'or... De sa propre autorité, une Compagnie
anglaise l'expropriait par zones. Déjà une

tranchée avait été pratiquée dans la rue principale, lorsque la population s'ameuta et menaça de pendre les Anglais. Depuis, ils n'y sont plus revenus. Telle est, en effet, la législation sur les mines que votre voisin peut, s'il lui en prend envie, ouvrir une galerie d'extraction sous votre maison. Vous n'avez, pour défendre votre bien, que le droit naturel.

Tout en dînant dans la meilleure auberge de l'endroit, nous nous rappelons que le comté de Sonora se fait gloire de posséder le plus grand et le plus fameux vignoble des États-Unis, celui de *Buena Vista*, qui ne comprend pas moins de *six mille* acres, dont trois cents cultivées actuellement. Nous demandons donc au patron de l'établissement une bouteille du cru, et cette demande l'étonne tant qu'il se la fait répéter deux fois. Boire du vin en dînant quand tout le monde boit de l'eau ou du lait, du

thé ou du café, mais cela ne s'est jamais vu!
Et aussitôt se tournent vers nous les regards
narquois de tous les honorables pension-
naires de l'hôtel, *gentlemen* sans cravate,
philosophes qui mangent la tête couverte et
silencieux comme des trappistes, sans doute
parce que l'on dit que le silence est d'or.
Dans la vieille Europe (*the old country*),
leurs pères buvaient en mangeant; mais les
fils ont tant progressé qu'ils ne boivent plus
qu'entre les repas; j'ajouterai que, dans ces
moments-là, ils affirment hautement leur
supériorité incontestable et incontestée.

Quoi qu'il en soit, ces vins de Californie,
provenant, en raison même de la chaleur du
climat, de raisins très-sucrés, sont trop
généreux et trop riches en alcool; ils ne
peuvent guère être bus qu'en hiver et sont
loin de valoir les vins de France. Mieux
avisés, les propriétaires utiliseront les qualités
propres à leurs vignes en faisant du *brandy*.

Sans doute aussi, ils ne savent pas manipuler leurs vins, qui peut-être ont besoin d'être attendus ; mais c'est ce que l'on ne sait pas encore, puisque la Buena Vista n'a été plantée qu'en 1865. Le champagne mousseux, qu'ils fabriquent sous le nom de *Catauba,* fait exception et se rapproche davantage du vrai champagne que mille drogues sophistiquées auxquelles on donne ce nom chez nous.

Pendant que nous attendons patiemment que l'on veuille bien atteler notre voiture, nous sommes témoins d'un trait de mœurs que malheureusement nous avons trop souvent vu se reproduire plus tard.

Un pauvre Chinois, la pelle et la pioche sur une épaule, sur l'autre la longue perche de ses congénères, où deux paniers font bascule, revient de son travail couvert des pieds à la tête d'une boue jaunâtre qui le fait paraître plus livide encore.

Quelques écoliers le poursuivent, et, en ce

moment même, l'un d'eux lui administre un formidable coup de pied. En même temps ses camarades ramassent de la boue dans le ruisseau pour la lui jeter. Et notre hôtelier et ses amis rient à gorge déployée.

Sans se retourner pour se venger, sans même protester, le *Celestial* allonge le pas avec une résignation digne d'un meilleur sort.

« Qu'a-t-il donc fait, cet étranger, pour que vous le laissiez bafouer par vos enfants? demandons-nous à l'hôtelier.

— Comment, *mister!* mais il n'a que ce qu'il mérite, le fils de chien! Le païen nous ôte le pain de la bouche! Tous ces Johns se louent pour moins de deux dollars par jour aux sociétés, et bientôt il n'y aura plus un Américain dans les placers. »

Voilà ce que chacun pense et dit ouvertement là-bas. Dans ce pays de liberté et d'égalité, la race blanche n'en souffre aucune autre, qu'elle soit noire, jaune ou rouge.

Je sais bien qu'il nous répugne d'admettre avec Buffon que « l'homme, blanc en Europe, noir en Afrique, jaune en Asie, rouge en Amérique, n'est que le même homme teint de la couleur du climat ». La comparaison nous blesse, parce que nous avons une très-haute idée de notre supériorité.

Et pourtant, pour en revenir à John Chinaman, quelle est la raison de l'opprobre dont on l'abreuve dans l'ouest des États-Unis? Il vit de peu : voilà son crime avoué par notre hôtelier lui-même. Sobre, doux, intelligent, il s'acclimate partout, excelle rapidement dans tout ce qu'il voit faire, et ne refuse aucun labeur, si dur qu'il soit et si peu qu'il rapporte. Mais il est envahissant, et l'hospitalier frère Jonathan ne l'entend pas ainsi.

« Venez chez moi, vous y serez libre, dit-il à son frère jaune; seulement, si vous me faites concurrence sur mon propre marché, gare à vous! Et ne vous en prenez qu'à vous-même de ce qui pourra en résulter de fâcheux pour vous! »

Primo mihi! est la devise de l'Américain. « A moi d'abord! S'il reste quelque chose pour les autres, tant mieux pour eux! »

On appelle les colons de l'Europe, mais on parque dans des territoires que l'on fait plus petits chaque année les débris des Peaux-Rouges, premiers habitants de ce continent où il semble que chacun pourrait avoir sa place au soleil.

Effrayés de voir les nègres qu'ils ont affranchis s'emparer du pouvoir dans les États du Sud et y commander à leurs anciens maîtres, les Américains craignent pour l'Ouest l'envahissement de la race mongolique; ne pouvant, malgré tous leurs efforts, l'empêcher d'entrer chez eux, ils cherchent à l'en faire sortir en l'accablant d'avanies et en lui fermant l'accès de tout.

Mais le *Celestial* est patient; rien ne le rebute. Déjà son nom est légion [1]. Et si ce débordement asiatique toujours croissant est un danger, il faudra, pour l'arrêter, des digues qu'on n'élève pas en un jour. Il faudra, sous la constitution républicaine qui s'oppose à tout esprit de caste, traiter les coolies comme des parias ou des ilotes, et leur interdire tous les avantages et les droits du citoyen.

Déjà l'État de Californie refuse de naturaliser les Chinois, et cela au mépris de la loi commune, qui devrait surtout protéger les faibles, et en fait n'est qu'une arme aux mains des plus forts.

[1] Les Chinois étaient soixante à quatre-vingt mille en Amérique, à l'époque où ces lignes ont été écrites (décembre 1876).

C. YO-SEMITE.

Cependant, notre voiture est prête. Et nous disons adieu pour toujours à Sonora la Mexicaine, la première ville bâtie par les chevaliers de la Toison d'or moderne.

« On vous a donné le *double buggy*. C'est le plus beau du pays; il a coûté huit cent cinquante dollars or. »

Voilà ce que nous dit, tout d'une haleine, le jeune citoyen de douze à treize ans qui tient les rênes.

Sa sœur, femme du propriétaire du *buggy,* nous accompagne aussi et ne paraît pas s'apercevoir que, pour lui laisser de la place, nous nous écrasons à trois sur un banc qui n'a jamais été fait que pour deux. Fort causante, du reste, cette dame nous apprend que ses parents étaient des Français de Saint-Tropez, cette jolie petite ville du littoral de la Méditerranée. Elle-même parle très-bon français.

A quelque distance de Sonora, elle nous fait remarquer que la route coupe la grande veine de quartz, la *veine mère*, dont les affleurements blanchâtres rayent la montagne, en la dominant comme un mur du nord au sud.

A l'endroit où nous la croisons règne une activité fébrile. La voie carrossable est excessivement étroite, et des Chinois la balayent pour en charger le sable précieux sur des tombereaux : c'est invraisemblable, et pourtant ils font cela par métier!...

« N'époussetez vos habits qu'avec les plus grandes précautions, nous dit en riant la Française : vous emportez peut-être des paillettes d'or. »

Le *buggy* n'avance pas; les chevaux vont
un train de sénateur. Heureusement, près
d'une *hacienda,* un vieillard nous arrête tout
à fait pour nous gratifier d'une corbeille de
raisins, de ces *moscatel grapes* au délicieux
arome de vin muscat. Lorsque nous lui demandons ce qu'il nous *charge* pour cela, il
nous répond fièrement qu'en Californie cela
se donne et ne se vend pas. Et c'est vrai, le
Californien est très-généreux... de son superflu.

Après trois heures et demie passées dans
le *buggy* pour ne faire que douze milles, nous
arrivons enfin au *Camp chinois.* Comme son
nom l'indique, ce bourg fut primitivement
la résidence exclusive de Chinois; maintenant, ils ne constituent plus que la minorité
des habitants de ce lieu, beaucoup d'Alle-
mands étant venus s'y fixer.

C'est notre dernier relais. Le cocher, la
voiture, les chevaux que nous prenons ici ne

nous quitteront plus. Dans la saison des touristes, c'est-à-dire en mai, juin, juillet, le *stage* a six chevaux ; notre modeste attelage n'en a que deux. Vrai Américain, casse-cou, bon garçon, notre conducteur est enchanté d'avoir une occasion de promener ses chevaux.

Nous ne sommes plus qu'à soixante milles de Yo-Semite, et nous entrons dans les bois.

En trois heures, nous arrivons au sommet de la montagne, où il y a une habitation isolée : *Priest's hotel,* dont la dame française nous a vanté la *bonne table* (!), meilleure qu'à San-Francisco (!!), et où nous avons à passer la nuit.

Le mardi, à six heures et demie, M. notre cocher, du haut de son siége, nous a déjà jeté son commandement : *All aboard !* dit de ce ton bref que l'on sait, et qui ressemble au sifflet d'une locomotive.

Nous traversons *Big Oak Flat,* village ainsi dénommé à cause d'un énorme chêne mort, gisant auprès de la route.

On passe ensuite dans de grands bois de conifères très-clairs, aux parfums âpres et vivifiants. Dans les éclaircies, quantité de colins (*mountain quails*), coquettement coiffés d'une huppe noire, s'envolent par compagnies à notre approche. Souvent des écureuils de terre (*Californian ground squirrel*), après nous avoir bien examinés, s'enfuient et disparaissent, on ne sait où, derrière les troncs d'arbres renversés. Nous rencontrons aussi parfois, mais rarement, des écureuils gris, beaucoup plus gros, et dont la queue traînante est assez analogue à celle du renard. Nous faisons « débouler » un lièvre, le premier et le seul que j'aie vu en Amérique. Il a cette différence avec ses confrères d'Europe que ses oreilles sont plus longues ; les naturalistes indigènes ont saisi cette occasion de le comparer à l'âne, en le surnommant *Jackass hare.*

D'autre part, le bec-bois fore son trou rond dans le tronc des pins, pour y chercher sa nourriture, et le geai bleu s'empresse de combler la cavité avec un gland doux, sa provision pour les temps de famine.

Quelquefois nous rencontrons d'innombrables troupeaux de moutons qui vont prendre leurs quartiers d'hiver dans les vallées. De même qu'en Australie, l'élevage des moutons prend de grandes proportions en Californie, à ce point, dit-on, que l'on verra prochainement baisser le prix de la laine. On sait que les manufactures de laines sont une des branches les plus importantes de l'industrie san-franciscaine.

De temps en temps encore des conduites d'eau à large débit, élevées d'une colline à l'autre, ou des siphons à forte pression qui rampent sur leurs flancs, se dirigent vers les *placers.*

Deux ou trois Indiens, de sang mêlé certainement, et probablement plus Mexicains qu'Indiens, sont nonchalamment assis sous bois et paraissent s'ennuyer profondément. Ce sont bien les mêmes que ceux de Calaveras, et l'image très-affaiblie de ceux que j'ai rencontrés au fond des Montagnes Rocheuses du Colorado, loin de toute habitation des blancs.

Mais voici une scierie hydraulique qu'alimente un ruisseau ou *creek* limpide. On commence à exploiter les sapins environnants.

Une chose assez curieuse encore pour les voyageurs est la façon toute primitive dont se fait la poste. Près des petites fermes disséminées çà et là dans les parties incendiées de la forêt, une vieille caisse de conserves, la plupart du temps veuve de son couvercle, est invariablement clouée à quelque arbre au bord du chemin : c'est la boîte aux lettres, dans laquelle notre cocher jette en passant les épîtres et les journaux adressés aux gens de l'endroit. Sans critiquer le système, on peut supposer que les levées et les distributions ont lieu assez irrégulièrement.

Malgré toute la nouveauté de ces choses, on se lasse vite de ne faire qu'un mille à l'heure et de monter toujours. Rompus par les cahots de la route, énervés par la chaleur, le dos courbaturé, la tête en feu, vous vous prenez à répéter en cadence l'onomatopée des omnibus de New-York :

« Punch, brothers! punch with care »,
que Mark Twain a si drôlement enjolivée.

Un jour de l'année dernière, dans un *street-car*, l'attention de deux journalistes fut attirée par un avis concernant le contrôle des coupons, et ainsi conçu :

« The *Conductor*, when he receives a Fare, must immediately *Punch* in the presence of the passenger,

« A *Blue* Trip Slip for an 8 Cents Fare,

« A *Buff* Trip Slip for a 6 Cents Fare,

« A *Pink* Trip Slip for a 3 Cents Fare[1]. »

— Par Georges! s'écria l'un d'eux, c'est de la poésie!

Et il n'eut qu'un mot à supprimer pour faire les bouts-rimés suivants :

The conductor, when he receives a fare,
Will punch in the presence of the *passin-jare!*
A Blue Trip Slip for an 8 Cents Fare,
A Buff Trip Slip for a 6 Cents Fare,
A Pink Trip Slip for a 3 Cents Fare;
All in the presence of the *passinjare!*

On convint que la chose était toute prête à être mise en musique, et les journaux que tout le monde lit rendirent vite le couplet populaire.

---

[1] Mot à mot : « Le *conducteur,* en percevant le tarif, doit immédiatement, en la présence du passager, *poinçonner :* un coupon de parcours *bleu* pour le taux de huit sous, *brun* pour six sous, *rose* pour trois sous. »

Les oreilles de Mark Twain, frappées du tintement de cette harmonie imitative, ne lui laissaient aucun repos. Ces rimes valsaient dans son cerveau pendant son déjeuner, et, après avoir roulé sa serviette, il ne savait plus s'il avait mangé ou non. S'il se mettait à sa table de travail, tout ce qu'il pouvait trouver à écrire était : *Punch in the presence of the passenjare!* Et ainsi de suite, sans trêve ni merci. Modifiant le programme de sa journée, il s'en fut se promener par la ville, sans but et comme à la dérive. Vain espoir! Ses pieds marquaient la mesure ennemie. Il accéléra le pas; les vers s'accommodaient encore au changement d'allure. Haletant, il rentra chez lui. Pendant tout le jour, en dînant, en lisant et jusque dans son sommeil, il fut poursuivi par le cauchemar incessant.

A toutes les personnes qu'il approchait, il ne pouvait que redire :

Punch, brothers! punch with care!

Punch in the presence of the passenjare!

Il faillit en perdre la raison, dit-il, et chacun s'étonnait de cet idiot délire :

Punch! oh, punch! punch in the presence of the passenjare!

Il ne s'en délivra qu'en l'inoculant à un *clergyman* de ses amis qui s'en allait faire un enterrement. Gagné par la contagion, celui-ci crut bientôt voir tout le cortége funèbre, les parents et amis, les porteurs, tous à l'unisson battant la mesure avec la tête. Lorsque le révérend voulut dire à la famille quelques paroles de condoléance, il ne trouva que les mots diaboliques qui dansaient devant ses yeux. Enfin, pour le sauver de l'asile des aliénés, il fallut employer le dernier remède : conduit dans un collége voisin, il versa les mots magiques dans les oreilles avides des étudiants qui ne pensaient pas à mal.

« Qu'est-il advenu de ces pauvres jeunes

gens? ajoute Mark Twain. Ah! c'est trop triste à dire! »

L'épidémie se propagea rapidement. On mit le couplet sur tous les airs connus, on en fit des parodies dans tous les genres; la réclame prit même ce travestissement, et, d'après les dernières nouvelles, cela finira par un vaudeville, de Mark Twain toujours [1]!

C'est dans ces dispositions d'esprit que, voyageant comme des colis, nous arrivons, après vingt-sept milles seulement, à notre étape de nuit.

Dans un pli solitaire de la forêt s'élèvent trois baraques sur pilotis : dans l'une sont des chambres pour les voyageurs; l'autre est une écurie, et la troisième abrite la salle à manger, les propriétaires et leur personnel. Cela s'appelle *Hogden's hotel.* La famille de

[1] Imité d'un opuscule intitulé *Horse-Car Poetry* (New-York, Carleton et Cie, 1876).

l'aubergiste est assistée par deux Chinois, habillés de longues blouses blanches, pour lesquels il me serait impossible de choisir entre le mot *serviteurs* ou le mot *servantes*.

L'air circule librement dans les différents compartiments de cette grande boîte à cigares, où rien ne ferme, et qui n'a pas d'étage.

Le lendemain, lorsque nous la quittons, à six heures du matin, la respectable duègne qui nous a hébergés nous promet qu'à notre retour elle fera des tartes et tuera un dindon.

Peut-être sommes-nous les derniers touristes qu'elle verra cette année, car la mauvaise saison va bientôt venir. Et, de même que la faim chasse le loup du bois, la neige atteignant ici jusque huit pieds de hauteur pendant l'hiver, on ferme alors l'*hôtel*, et le tout est laissé à la garde de Dieu.

Pendant sept milles encore, nous avons à monter : au point culminant, nous sommes à sept mille pieds au-dessus du niveau de la mer. De là à Yo-Semite, il n'y a plus qu'une descente de quatorze milles.

Nous passons à côté de plusieurs *sequoias giganteas;* mais pourquoi faut-il que l'homme s'habitue aux plus beaux spectacles, et qu'il ne jette plus qu'un regard distrait sur ce qui l'a d'abord frappé si vivement?

Sur les hauteurs qui dominent un petit hameau pittoresque, des arbres morts brûlent à petit feu, au milieu de la forêt, de distance en distance, pour éloigner par leur fumée les ours, assez friands de viande de mouton. Nous constatons sur le chemin le passage tout récent de deux de ces carnassiers, un grand et un petit, dont l'empreinte rappelle à s'y méprendre celle d'un pied humain; mais nous n'avons pas la chance de les voir « par corps ».

Enfin, vers neuf heures et demie, nous arrivons au bord de la célèbre vallée de Yo-

Semite, et cette vue produit sur nous l'effet que dut faire sur les Hébreux la *Terre promise.*

A trois mille pieds au-dessous de nous elle est là, et l'on se demande, en plongeant du regard dans cette fente vertigineuse, comment on peut arriver vivant tout au fond.

Au delà se dresse une muraille d'un seul bloc, dont les créneaux naturels sont tapissés, par places, d'une verdure sévère. Sur ces assises féeriques sont fièrement campés des rochers énormes, mastodontes aux formes inconcevables, dont un seul suffirait à combler toute la vallée. Chacun d'eux, roide et majestueux, semble défier son voisin, ou plutôt tous ils sont là comme les gardiens jaloux d'un trésor unique, et ont l'air de dire à l'homme : « Tu n'iras pas plus loin! »

Il n'y a de mots dans aucune langue pour exprimer tout ce qu'a d'incomparable grandeur ce spectacle auquel on n'est pas préparé. L'impression en est ineffaçable, et je ne sache pas qu'il y ait nulle part un panorama qui vaille celui-ci.

Devant ce système de pierres incommensurables, arrondies ou pointues, amoncelées ou tout d'une pièce, l'homme n'est plus qu'un pauvre fétu, un atome, moins que rien. Il est écrasé.

Ces *sierras* taillées à grands traits et menaçant le ciel, ces parois de granit perpendiculaires qui étranglent la vallée sombre auraient quelque chose de fatalement lugubre, n'était la ravissante chute d'eau qui nous fait face et dans laquelle le soleil, en se jouant, jette son écharpe multicolore.

Le premier passant qui vit la chute la compara au *Voile de la Fiancée*, et ce nom poétique et charmant lui est resté.

Longtemps nous restons à le contempler, ce *voile* aux mailles d'argent, qui ondule au gré de la brise et, descendant en plis gracieux, se perd dans l'ombre.

Tous les volumineux rocs environnants portent aussi des noms topographiques. C'est *El Capitan,* ce farouche colosse, qui commande la passe; ce sont les *Clochers de la Cathédrale ;* ce sont encore des *Dômes* immenses, aux fronts chauves et luisants. Tout au sommet de quelques-unes de ces crêtes inaccessibles, nous pouvons distinguer des sapins, sans doute de fort belle taille, et qui nous font l'effet de modestes pinceaux à aquarelle.

Mais déjà nous descendons par un chemin en lacets coupé dans le flanc de la montagne; les pointes de rocher s'éloignent de nos yeux, et l'abîme s'égaye de teintes riantes. L'étroit chemin suit une pente rapide sur les quartiers de granit que la poudre a fait sauter. Dans les tournants, attention aux rencontres! si notre *team* allait se trouver en face

d'un autre attelage, on trouverait difficilement à se garer.

Cependant, quelques chênes verts sont
placés là comme pour arrêter l'imprudent
qui voudrait s'élancer trop vite; des touffes
de laurier à l'éternelle verdure et des fougères variées rehaussent par bouquets ou bien
agrémentent comme une dentelle précieuse
les tons froids et disgracieux de la corniche.

A travers le rideau des arbres on entrevoit
la *Merced*, serpentant avec nonchalance au
fond de la vallée, et l'on s'accoutume peu à
peu à descendre dans cette oubliette mélancolique.

Cette gorge, d'apparence si étroite et si
sombre, a en moyenne un mille de large sur
huit milles de long; tous les conifères propres
à la Californie y croissent abondamment. C'est
on ne peut plus sauvage. Rien, hormis le
chemin, n'y révèle la prise de possession de
l'homme. Après quelque temps seulement

apparaît la première habitation. Hélas! c'est un hôtel construit en planches, et assez misérable d'aspect, assis comme un profane dans ce temple de la nature, d'où l'on voudrait pouvoir chasser les marchands.

Toutes déplacées que soient les œuvres des hommes dans un lieu où tout est si grand, il faut bien songer à se loger, et notre cocher nous conduit à l'un des trois hôtels de l'endroit.

Comme il y a trois lignes de diligence pour atteindre la vallée, il y a trois hôtels, chaque ligne ayant le sien. L'un deux a fait faillite dernièrement : les autres ne s'en portent que mieux.

Celui où l'on nous descend est sur le plan ordinaire : grande caisse rectangulaire en bois de cèdre, avec vérandah sur le devant. Une percée, ménagée dans les arbres géants qui l'ombragent, permet d'admirer de face les grandes cascades de Yo-Semite.

C'est d'une hauteur de près de trois mille pieds (un kilomètre) qu'elles se précipitent dans la rivière ; mais, il faut bien le dire, en automne, ce filet d'eau paraît mesquin sur le panneau énorme qu'il lui faut franchir. Par ce que nous voyons, pourtant, il nous est permis de nous faire une idée de ce que ce doit être au printemps, alors qu'une nappe d'eau d'une grande largeur vient, en rebondissant deux fois, s'émietter sur le rocher inférieur, qu'elle creuse en tombant. Ce doit être sublime et terrifiant, et il nous est pénible de ne voir la chose que par les yeux de l'imagination.

A l'hôtel de M. Black, nous sommes les seuls voyageurs de passage ; il n'y en a pas dix dans toute la vallée.

En effet, si tout Américain a entendu parler de Yo-Semite, bien peu, parmi les habitants de San-Francisco, se sont donné la peine d'y aller, soit que le temps manque aux hommes d'affaires et aux politiciens, soit même que chacun se trouve assez riche des beautés de la nature sans s'éloigner de son canton.

C'est une curieuse observation pour vous, étranger, que d'entendre le premier venu vous faire des descriptions enthousiastes empruntées aux *newspapers* et aux *magazines*, et le même interlocuteur, à votre retour, vous accabler de questions renversantes sur ce que vous avez été voir d'après ses conseils. Il est vrai que les États-Unis sont si grands! Pour n'en citer qu'un, le Texas a une étendue double de celle de la France.

Yo-Semite, ou plus exactement *Yo-ham-i-te*, est un nom indien et signifie *le grand ours gris*. Frappé lui-même de la majesté de ces lieux, le Peau-Rouge avait choisi, dans sa langue si pauvre, le mot qui lui paraissait le mieux résumer la terrible toute-puissance qui le stupéfiait.

En mars 1851, le major Savage, à la poursuite d'une bande d'indigènes, en fit la découverte pour les blancs.

Nous consacrâmes toute l'après-midi de ce jour à flâner sous les charmants ombrages de ce parc naturel, Éden un peu sévère émaillé de lauriers-roses en fleur. Nos yeux ne pouvaient se rassasier de ce spectacle magique.

Ces montagnes massives et si admirablement proportionnées qui enserrent dans leur froide étreinte la vallée verdoyante, les pics élevés qui les couronnent et se détachent sur le ciel lointain, les cataractes nombreuses qui, de tous côtés, semblent tomber des nues, la végétation gigantesque et variée, tout cela est indescriptible et, je crois, incomparable.

Bien éloigné maintenant de ce site féerique, de ces magnificences que rien ne surpasse, il me semble avoir fait un de ces rêves enchanteurs trop tôt disparus, et, les photographies sous les yeux, les souvenirs bien vivaces encore, je crains presque de forcer la note réelle.

Voici, du reste, quelques chiffres :

Le *Dôme du Sud* a 6000 pieds de haut.
Les *Trois Frères* en ont 4000 —
Le *Cap de la Liberté,* 4240 —
Les *Trois Grâces,* 3750 —
Le *Dôme du Nord,* 3725 —
Le *Point de vue du Glacier,* 3705 —
Le *Capitaine,* 3300 —
Les *Sentinelles,* 3270 —
La *Cathédrale,* 2690 —
La *Tour de Washington,* 2200 —
Les *Arches Royales,* ʼ800 —

Les plus notables des chutes ont :

Le *Ruban :* 3300 pieds.
Le *Yo-Semite supérieur :* 2634 —
Le *Voile de la Fiancée :* 950 —

La *Nevada :*   700   pieds.
Le *Yo-Semite inférieur :*   600   —
La *Chute du Printemps :*   350   —

La vallée merveilleuse est elle-même située à 4,000 pieds au-dessus de la mer et va du nord-est au sud-ouest. Comme je l'ai dit, le bras principal de la Merced la parcourt dans toute sa longueur; après y être entrée en conquérante par une série de sauts d'une furie incroyable, elle se complaît à en suivre toutes les sinuosités et s'attarde en des détours capricieux.

L'atmosphère est pure, calme, sereine, et l'on n'entend que le fracas de l'eau lorsqu'on s'approche des chutes, ou les mugissements des troupeaux qui folâtrent au bord de la rivière.

Avec les vaches nous voyons paître paisiblement quatre *deer* aux colliers de laine rouge. L'un d'eux est une vieille biche que

M. Black a prise toute jeune et qui chaque printemps revient ici augmenter sa progéniture. Rarement on revoit les jeunes de l'année précédente; le plus souvent ils sont tués par quelque chasseur dans la montagne. La biche a pour compagnons actuels un daguet et ses deux faons de l'année. Ces gracieux animaux n'ont rien de la sauvagerie ni de l'indépendance de leur race. En les prenant par la gourmandise, on arrive facilement à les caresser.

A l'hôtel, en revanche, les Indiennes qu'y a vues le baron de Hübner ont disparu, et nous ne sommes servis que par des Irlandaises. Un moment un de nos compagnons crut avoir aperçu une de ces « *servantes indiennes* »; mais, renseignements pris, il se trouva que ce n'était qu'un Chinois.

Nous ne fûmes pas plus heureux à la grande cataracte de Yo-Semite, ni sur les bords de la rivière, où nous cherchâmes en

vain les Indiens à demi nus abreuvant leurs
« *moustangs* », dont parle l'illustre voyageur.

Les pauvres Indiens qui habitent maintenant des maisons en planches comme tout le
monde, vêtus comme tout le monde, sont
pêcheurs ou même, ô décadence! agriculteurs, et il n'y en a pas quatre familles dans
la vallée.

Tout change et progresse vite ici. Lorsque
M. de Hübner est venu en 1871, le chemin
de voitures achevé l'année suivante était
à peine commencé, et depuis lors le village a
bien prospéré.

Les trois hardis colons qui s'y étaient éta-
blis ont peuplé la vallée, et l'on trouve chez
eux tout ce que l'on veut, jusqu'à un télégraphe qui correspond avec l'univers entier.
On pourrait de là envoyer un *cablegramme* en
Europe! Après tout, les touristes sont la seule
exploitation qu'autorise l'État de Californie,
à bon droit jaloux de sa propriété.

Aussi la plupart de ces établissements : bains, boutiques d'objets en bois, ateliers de photographie, écuries de louage, se ferment dès que les froids arrivent. Dans les fonds, la neige monte parfois jusqu'à *vingt-cinq pieds*, et déjà ceux des habitants qui comptent hiverner dans ces parages font leurs provisions pour la saison rigoureuse.

Le soir de notre arrivée, nous eûmes la chance d'avoir un orage, le premier de l'année, nous dit-on. Chose singulière! M. Kirchhoff et le baron de Hübner, dans leurs relations de voyage, font également mention d'orages à Yo-Semite, et, comme à nous, il semble qu'on leur ait fait remarquer que la nature voulait ménager toutes les surprises à ses admirateurs.

L'éclair y est plus sinistre; le tonnerre a des roulements inconnus et douloureusement prolongés comme un glas sépulcral, les intervalles de silence même sont plus lugubres qu'ailleurs, et les senteurs résineuses qu'apporte la pluie échauffent le sang et font battre le cœur plus vite.

Pendant notre séjour, nous remontâmes plusieurs fois sur le haut des murailles qui nous emprisonnaient.

Un jour, nous allâmes voir les *Nevada falls*, à sept milles environ de l'hôtel. On nous avait loué des mustangs croisés (poneys de demi-sang mexicain et *américain*), au pied sûr et au pas lent. Le propriétaire nous dit en avoir une centaine à la disposition des touristes : la plupart ne restent pas dans la vallée, où l'herbe est rare, mais pâturent au-dessus des montagnes que nous devons gravir.

Après avoir traversé tout le village où les représentants mâles de la population passent une douce existence, étendus des journées entières dans des *rocking-chairs*, les pieds appuyés au tronc des arbres et cherchant à se mystifier l'un l'autre en faisant du *prac-tical joking,* ou bien encore jouant leurs consommations du *bar* aux billards des *Cosmo-politan baths;* après avoir passé et repassé la Merced et nous être engagés dans un sentier de chèvres, à travers les arbres et les quartiers de roc roulés par les avalanches, nous nous arrêtons et laissons là un moment nos chevaux pour aller voir en passant les *Vernal falls* ou *chutes du printemps.* Ces chutes sont certes des plus pittoresques que l'on puisse imaginer.

Comprimée dans des barrières verticales, la Merced fait par là son entrée en sautant d'une hauteur de quatre cents pieds pour retomber avec un tapage assourdissant sur des blocs détachés.

A peine aperçoit-on un petit coin du ciel au-dessus de la chute.

Des sapins énormes chevillés dans les crevasses des rochers, sans la moindre couche de terre pour recouvrir leurs racines, ajoutent encore à l'impression d'indomptable sauvagerie que tout ici contribue à inspirer.

C'est une scène pleine de mélancolie.

> Tu mugissais ainsi sous ces roches profondes,
> Ainsi tu te brisais sur leurs flancs déchirés,
> Ainsi le vent jetait l'écume de tes ondes
> Sur ses pieds adorés...

Nous nous arrachons à nos rêveries pour gravir la montagne, qui est inclinée à 45 degrés devant nous, et que l'on croirait inaccessible à cheval.

Pendant deux heures nous montons en zigzag, pour nous trouver tout à coup devant un panorama plus enchanteur qu'aucun paysage alpestre.

Les *sierras* aux vigoureux contours forment de blanches saillies sur le ciel d'un bleu transparent indéfinissable.

Devant nous se tient debout, comme un Titan pétrifié, le *Cap de la Liberté*.

Fièrement, il monte la garde à côté de la *Nevada fall,* d'où la Merced, échevelée, impétueuse, emportée dans une course folle comme le cheval de Mazeppa, se jette aveuglément dans le vide d'une hauteur de sept cents pieds, pour reprendre terre et courir écumante à un autre obstacle.

Une ravissante vallée boisée de mille arbustes épais nous sépare de la *Nevada fall,* tandis que nous nous trouvons juste au-dessus de la *chute du printemps,* virginalement blottie sous un sombre manteau de sapins doucement étagés.

En vain chercherait-on des expressions pour rendre la magie d'un tableau composé de tant de beautés réunies.

Cette grande nature frappe, étonne par son imposante étrangeté, par ses gigantesques proportions. L'animation même ne lui fait pas défaut, grâce à un chalet dont la position est délicieusement choisie au pied du *Cap of Liberty*. C'est la *Casa Nevada,* ou *Snow's hotel.*

Pour redescendre jusque-là, on passe sur des rondins la Merced, dont le cours torrentueux s'est frayé dans le granit vif un lit profondément encaissé.

Du chalet il est facile de se rendre sous la chute même. Ses gerbes étincelantes, sous l'action d'un courant d'air passant entre l'eau et la paroi du rocher, prennent les formes les plus bizarres et se diversifient à chaque instant. On se trouve là complétement abasourdi, éclaboussé, imprégné d'une vapeur moite et légère qui flotte comme un panache au-dessus de la chute retentissante.

Ce bain nous donna l'idée d'en prendre un plus agréable dans un charmant petit lac couleur d'émeraude, situé un peu au-dessus de la Chute du Printemps. L'ombre caverneuse des grands rochers nous invitait à nous délasser de cette ascension de quatre heures, et nous nageâmes longtemps dans ces eaux fraîches et transparentes.

En rentrant à la *Casa Nevada,* nous eûmes le plaisir d'assister au retour d'une caravane de sept personnes qui avait été camper pendant trois semaines dans la montagne.

Une fillette d'une douzaine d'années ouvrait la marche, à califourchon sur son poney, comme toutes les jeunes amazones de l'Ouest d'ailleurs.

Trois dames suivaient à pied, et trois hommes armés, aux barbes incultes, conduisant leurs chevaux par la bride, terminaient le cortége.

C'étaient des habitants de la vallée, et ils furent reçus avec de grandes démonstrations d'allégresse par les propriétaires de l'hôtel. Ils n'avaient eu aucune autre aventure que la perte d'un cheval disparu, on ne savait comment.

Peu de temps après débouchaient au galop par le même sentier trois Anglais partis avec nous du *Palace hotel* de San-Francisco, mais venus ici par la voie plus commode de Coulterville, Snelling et Dudley's Ranche. Pour ces pratiques insulaires, nous ne savions pas voyager, puisque nous avions pu négliger le *comfort.*

Ils revenaient du *Repos des Nuages,* le plateau le plus élevé des environs. Comme on ne va là généralement que pour dire après qu'on y a été, nous n'avions aucune envie de faire de ces ascensions inutiles qui vous payent rarement de vos peines. Ce fut notre revanche. Elle était trop facile à prendre pour s'en priver.

Nous reprîmes donc le chemin de la vallée, et une fois là, nous traversâmes tout le village à fond de train. Dans l'Ouest, c'est toujours au galop que l'on rentre chez soi.

Le soir, au clair de lune, les rochers

15.

devant l'hôtel étaient dans toute leur sauvage beauté. Leurs fines dentelures, leurs aiguilles effilées se profilaient mieux dans un demi-jour qui les faisait ressortir.

Le lendemain matin, notre équipage nous conduisit au *Lac-Miroir*.

Souvent l'étranger, obsédé par les spéculateurs de l'endroit, paye cinquante ou soixante francs pour cette course d'une lieue, et, en outre, il a à acquitter des droits de barrière d'une dizaine de francs.

Il ne devrait pas être permis ici, non plus qu'au Niagara, de prélever une taxe sur des mystifications.

Ce *Lac-Miroir* fut une véritable déception pour nous. L'étang est très-petit, et, s'il réfléchit, nous ne pûmes nous en apercevoir, à cause d'une bande de canards privés s'ébattant là comme dans une mare vulgaire.

En dépit de cette mésaventure, ce fut très-gaiement que nous recommençâmes im-

médiatement une chevauchée dans le genre
de celle de la veille. Il s'agissait de gagner
Glacier's Point.

Après deux milles et demi, toujours montant presque à pic par un sentier sablon-
neux, nous ne sommes encore qu'à *Union
Point.*

On a de là une très-belle vue d'ensemble.
Entre la double rangée granitique, l'œil
plonge avec une âpre volupté dans un chaos
obscur.

La Merced, comme le fil blanc d'une
aiguille, ondule joliment, paraît et disparaît
pour reparaître plus loin.

A cette hauteur aussi, les autres pics se
montrent coiffés d'un vert et épais feuillage.

Au *Point-de-vue du Glacier,* où il ne manque qu'un glacier, la vue est plus générale
et embrasse la vallée tout entière, avec ses
montagnes et ses beautés diverses. Le rocher
surplombe les *Nevada* et *Vernal falls,* et l'on

saisit en même temps tous les détails avec une netteté parfaite. En vérité, après ceci, il n'y avait plus rien qui valait la peine d'être regardé.

Le propriétaire du chalet de *Glacier's Point* nous montra de l'or qu'il avait trouvé à fleur de terre en cet endroit; mais, comme toute médaille a son revers, quelques jours auparavant, un de ses mulets avait été dévoré par les carnassiers. Les auteurs du méfait étaient une ourse brune flanquée de ses petits. Depuis, il avait, par hasard, découvert la retraite de ces animaux et s'était empressé de fuir. Quel dommage que nous n'avions pas de carabines!

Avant notre départ de la vallée, nous eûmes la consolation d'apprendre que l'ourse avait vécu; un ami du montagnard l'avait tuée à l'affût la nuit qui suivit notre visite là-haut. Nous ne laissions rien derrière nous.

Ce que nous avons vu en Californie en dix ou douze jours, tout le monde peut le voir. Quelques personnes amies du coin du feu trouveront peut-être que c'est aller bien loin pour contempler des arbres, des pierres et de l'eau.

A celles-là on ne conseillera pas le voyage.

Les autres ne regretteront point les petits ennuis de la route après avoir visité un pays aussi favorisé, le pays de l'or et de toutes les richesses minérales et agricoles, la patrie des plus grands arbres et des plus hautes chutes du globe.

FIN.

TABLE

III

Mormons.

PARIS. TYPOGRAPHIE DE E. PLON ET Cie, RUE GARANCIÈRE,